Annelies Kreis & Fritz C. Staub
Kollegiales Unterrichtscoaching
Ein Instrument zur praxissituierten Unterrichtsentwicklung

Handlungsfeld: Unterricht & Erziehung

Annelies Kreis & Fritz C. Staub
Kollegiales Unterrichtscoaching
Ein Instrument zur praxissituierten Unterrichtsentwicklung

Carl Link 2017

Bibliografische Information der Deutschen Nationalbibliothek
Die Deutsche Nationalbibliothek verzeichnet diese Publikation in der Deutschen Nationalbibliografie; detaillierte bibliografische Daten sind im Internet über http://dnb.d-nb.de abrufbar.

ISBN 978-3-556-06980-6

www.wolterskluwer.de
www.schulverwaltung.de

Alle Rechte vorbehalten.
© 2017 Wolters Kluwer Deutschland GmbH, Köln.
Carl Link –Wolters Kluwer Deutschland GmbH.

Das Werk einschließlich aller Teile ist urheberrechtlich geschützt.
Jede Nutzung in anderen als den gesetzlich zugelassenen Fällen
bedarf der vorherigen schriftlichen Einwilligung des Verlages.
Hinweis zu § 52 a UrhG: Weder das Werk noch seine Teile dürfen ohne eine
solche Einwilligung eingescannt und in ein Netzwerk eingestellt werden.
Dies gilt auch für Intranets von Schulen und sonstigen Bildungseinrichtungen.

Umschlagkonzeption: Martina Busch, Grafikdesign, Homburg-Kirrberg
Titelbild: © contrastwerkstatt – fotolia.com
Satz: Innodata, Noida, Indien
Druck: Williams Lea & Tag GmbH, München

Gedruckt auf säurefreiem, alterungsbeständigem und chlorfreiem Papier

Inhaltsverzeichnis

1 Einleitung.. 1
   1.1   An wen richtet sich dieses Buch?............................ 2
   1.2   Wie Sie dieses Buch nutzen können.......................... 3

2 Praxissituiertes Lernen von (zukünftigen) Lehrpersonen.......... 7
   2.1   Die Gestaltung lernförderlichen Unterrichts im
       Angebots-Nutzungsmodell.................................. 7
   2.2   Wissen und Überzeugungen als Ansatzpunkte für
       Unterrichtsentwicklung................................... 8
   2.3   Unterrichtsentwicklung als sozialer Lernprozess in
       systematischer Erprobung................................. 10
   2.4   Unterrichtsdiagnostik zur Identifikation von
       Entwicklungszielen....................................... 12
   2.5   Nachhaltige Weiterbildungsformate......................... 14

3 Ansätze zur kooperativen Unterrichtsentwicklung................ 17
   3.1   Peer Coaching – Kollegiale Unterstützung in
       gleichberechtigter Beziehung............................. 17
   3.2   Kollegiale Hospitation.................................... 18
   3.3   Feedback... 19
   3.4   Videobasierte Unterrichtsentwicklung...................... 21
   3.5   Teamteaching oder Co-Teaching............................ 24
   3.6   Fachspezifisches Unterrichtscoaching...................... 26
       3.6.1   Leitprinzipien..................................... 27
       3.6.2   Coachingzyklus und Rollen.......................... 27
       3.6.3   Gesprächshandlungen für Dialoge und
             Kokonstruktion..................................... 28
       3.6.4   Kernperspektiven und Leitfragen zur Planung und
             Reflexion.. 29
       3.6.5   Studien zum Fachspezifischen Unterrichtscoaching in
             der Fortbildung.................................... 30
       3.6.6   Studien zum Fachspezifischen Unterrichtscoaching in
             der Ausbildung..................................... 31

4	**Kollegiales Unterrichtscoaching**	33
4.1	Die zentralen Elemente des Ansatzes	34
	4.1.1 Coaching in drei Schritten	34
	4.1.2 Dialogische Gesprächsführung	35
	4.1.3 Kernperspektiven und Leitfragen zur Planung und Durchführung von Unterricht	38
	4.1.4 Rolle als Coach und Coachee	40
	4.1.5 Coaching im Tandem	41
4.2	Ablauf eines Coachingzyklus mit Vorbesprechung, gecoachtem Unterricht und Nachbesprechung	43
	4.2.1 Vor dem Coaching	44
	4.2.2 Gemeinsames Planungsgespräch	45
	4.2.3 Gemeinsam verantwortete Unterrichtsdurchführung	47
	4.2.4 Nachbesprechung	48
5	**Die Rolle der Schulleitung bei der Einführung von Kollegialem Unterrichtscoaching**	51
5.1	Datengestützte Unterrichtsentwicklung im Qualitätszyklus	51
	5.1.1 Analyse der Ausgangssituation	53
	5.1.2 Festlegung von Zielen und Maßnahmen zu deren Umsetzung	53
	5.1.3 Durchführung der vereinbarten Maßnahmen	54
	5.1.4 Überprüfung der Zielerreichung	54
	5.1.5 Planung des weiteren Vorgehens	54
5.2	Entscheidungsfindung, Organisation und Kick-off für eine nachhaltige Einführung	55
5.3	Anreize und Motivation fördern	55
5.4	Die Bedeutung von Entwicklungszielen für Unterrichtsentwicklung	58
	5.4.1 Individuelle Unterrichtsentwicklung	58
	5.4.2 Erreichung gemeinsamer Ziele	59
	5.4.3 Kohärenz der Lernumgebungen für die Lernenden einer Schule	59
	5.4.4 Kohäsion im Team	59
	5.4.5 Nachhaltige Personalentwicklung	60

5.5	Die Zeitfrage	60
5.6	Verbindlichkeit und Kontinuität	61
5.7	Qualitätssicherung oder Qualitätsentwicklung?	62
5.8	Checkliste für die Einführung von Kollegialem Unterrichtscoaching für Schulleitungspersonen	63

6 Beispiele der Implementierung und Anwendung 65
    6.1 Schulinterne Unterrichtsentwicklung mit Kollegialem Unterrichtscoaching 65
        6.1.1 Erste Erfahrungen mit Kollegialem Unterrichtscoaching an der Volksschule Berg 65
        6.1.2 Pilotstudie über Kollegiales Unterrichtscoaching zwischen erfahrenen Lehrpersonen, Primar- und Sekundarstufe I 67
        6.1.3 Schulinterne Fortbildung zu Coaching zwischen Fachlehrpersonen am Gymnasium 69
    6.2 Weiterqualifizierung von Lehrpersonen zu einem fachdidaktischen Schwerpunkt 71
    6.3 Berufspraktische Ausbildung von Lehrpersonen 72

7 Videobeispiele aus Vorbesprechungen gemäß Kollegialem Unterrichtscoaching 75
    7.1 Authentische Beispiele bedingen einen wertschätzenden Umgang 75
    7.2 Verwendung der Videobeispiele 75
    7.3 Erläuterungen zu den Videobeispielen und deren Kontexten ... 76
        7.3.1 Vorbesprechung einer Stunde zum Textverständnis beim Übersetzen in Latein zwischen erfahrenen Lehrpersonen (Sekundarstufe) 76
        7.3.2 Vorbesprechung von Unterricht über Textproduktion in Deutsch zwischen zwei Förderlehrpersonen (Grundschule) 78
        7.3.3 Vor- und Nachbesprechung zu Grundrechenarten in Mathematik zwischen erfahrenen Lehrpersonen (Sekundarstufe) 79

      7.3.4 Vorbesprechung zu Futur II in Französisch zwischen zwei neueinsteigenden Lehrpersonen (Sekundarstufe) ... 80
      7.3.5 Vorbesprechung zu Experimentieren und Humanbiologie zwischen Lehramtsstudierenden (Sekundarstufe) 81

8 Arbeitsmaterialien 83
  A. Kollegiales Unterrichtscoaching im Überblick – Leitfaden 83
  B. Leitfragen zu Kernperspektiven 85
  C. Beispielauftrag für die Erprobung eines Kollegialen Unterrichtscoachings 88
  D. Beobachtungsbogen für Vor- und Nachbesprechung 89
  E. Fragen zur Reflexion der Erfahrungen mit Kollegialem Unterrichtscoaching im Team 90
  F. Fragenkatalog für die Selbstevaluation der Einführung von Kollegialem Unterrichtscoaching in Schulteams 92

9 Transkripte zu den Videoausschnitten von Coachingssequenzen ... 95
  9.1 Transkript Clip 1 95
  9.2 Transkript Clip 2 98
  9.3 Transkripte Clips 3.1–3.3 102
  9.4 Transkripte Ausschnitt 4.1 und Clip 4.2 111
  9.5 Transkript Clip 5 115

10 Literaturverzeichnis 119

11 Über die Autorin und den Autor 131

12 Abbildungs- und Tabellenverzeichnis 133

13 Stichwortverzeichnis 135

gleich unterschiedlicher Kulturen (z.B. Jacobs, Yoshida, Stigler & Fernandez, 1997). Da für konkrete Unterrichtssituationen im Alltag kaum je auf ein genau dieser Situation entsprechendes, evidenzbasiertes Wissen Bezug genommen werden kann, stehen sich unterschiedliche fachspezifisch-pädagogische Überzeugungen gegenüber, welche mehr oder weniger nachvollziehbar begründet und im Kontext der Unterrichtssituation gegeneinander abgewogen werden können. Dazu kann auf geteilte Erfahrungen, aber auch auf theoretisch fundiertes Wissen über Lehr-Lernprozesse Bezug genommen werden. Da es *die* allgemeingültige Lerntheorie nicht gibt (Weinert, 1996; Greeno, Collins & Resnick, 1996), können sich auch widersprechende fachspezifisch-pädagogische Überzeugungen gegenüberstehen, für die je gute, theoriebezogene Argumente vorgebracht werden können. In Abhängigkeit davon, welche vielleicht auch nur impliziten lerntheoretischen Vorstellungen vorausgesetzt werden, lassen sich unterschiedliche fachspezifisch-pädagogische Überzeugungen vertreten. Unterschiede in der zugrunde liegenden lerntheoretischen Orientierung von fachspezifisch-pädagogischen Überzeugungen sind sowohl für die Unterrichtsgestaltung wie auch für den Leistungszuwachs der Schülerinnen und Schüler bedeutsam (Staub & Stern, 2002; Voss, Kleickmann, Kunter & Hachfeld, 2013).

Untersuchungen zur Unterrichtsexpertise haben zudem deutlich gemacht, dass das Handeln von erfolgreichen (wie auch von weniger erfolgreichen) Lehrpersonen nicht allein auf artikulierbarem Wissen und bewussten Überzeugungen basiert. In der Planung und Durchführung von Unterricht bleibt auch das Wissen von Experten oft weitgehend ein *implizites Wissen* (Neuweg, 2015, 2000; Sternberg & Horvath, 1999), das auch retrospektiv nur teilweise verbalisiert werden kann. Für die Lehrerinnen- und Lehrerbildung bedeutet es daher eine grundlegende Herausforderung, wie relevantes implizites Wissen bewusst gemacht und in die professionelle Kommunikation eingebracht werden kann. Weiter wissen wir, dass mit der Erfahrung gewonnenes Wissen allein nicht notwendig zu einer Verbesserung der Unterrichtsqualität führt (z.B. Stern, 2009) und dass auch berufsbezogene Überzeugungen oft nur schwer veränderbar sind (Calderhead, 1996; Richardson & Placier, 2001; Reusser & Pauli, 2014).

Unterrichtsexpertise lässt sich nicht allein nur durch die Vermittlung professioneller Wissensinhalte wie Fachwissen, pädagogisches Wissen und fachdidaktisches Wissen fördern. Sollen auch (implizite) fachspezifisch-pädagogische Überzeugungen und lerntheoretische Orientierungen hinterfragt und weiterentwickelt werden, dann erfordert dies ihre situationsspezifische Thematisierung und Reflexion. Hierzu bieten sich in der Praxis situierte Lerngelegenheiten wie das dem Kollegialen Unterrichtscoaching zugrunde liegende Fachspezifische Unterrichtscoaching an, in welchem in gemeinsamer Verantwortung Unterricht geplant, durchgeführt und reflektiert wird.

2.3 Unterrichtsentwicklung als sozialer Lernprozess

In Anbetracht der Bedeutung impliziten Wissens stellt sich für die Fort- und Weiterbildung von Lehrpersonen die Frage, wie Lehrpersonen nicht nur ihr Wissen, sondern auch ihre Überzeugungen und ihr Handeln verändern. Clarke und Hollingsworth (2002) untersuchten, ob Lehrpersonen zuerst ihre Überzeugungen oder ihr *Unterrichtshandeln* ändern müssen, wenn sie nachhaltig ihr Handlungsrepertoire verändern wollen. Diese Frage ist für die Konzeption von Fortbildungen und Interventionen zur Unterrichtsentwicklung hoch relevant. Ihr in Anlehnung an Guskey (2002) verfasstes Prozessmodell des Lernens von Lehrpersonen (Abbildung 1) leistet in der Analyse und Planung von Prozessen der Unterrichtsentwicklung und von Fortbildung hilfreiche Dienste.

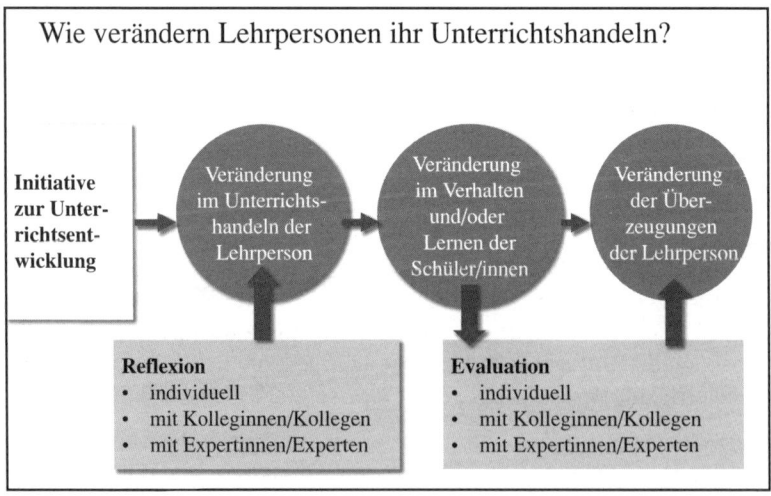

Abb. 1: Professionelle Entwicklung von Lehrpersonen als reflexiver Prozess zwischen Überzeugung und Handeln nach Clarke und Hollingsworth (2002)

Wie in Kapitel 2.1 ausgeführt, lassen sich Überzeugungen und Unterrichtshandeln mit traditioneller, instruktionsorientierter und punktueller Fortbildung kaum verändern (Lipowsky, 2014; Wahl, 2001). Clarke und Hollingsworth folgern auf der Grundlage empirischer Erkenntnisse, dass Lehrpersonen nicht zuerst ihre Überzeugungen verändern – was oft ein Ziel instruktionsorientierter Fortbildungen ist – und darauf aufbauend ihr Handeln anpassen. Veränderungen in den für ihr Handeln relevanten Überzeugungen können jedoch angeregt werden, wenn Lehrpersonen in ihrem Unterricht eine Handlungsalternative erproben können und deren Wirkungen sodann *systematisch bewerten und reflexiv hinterfragen*, wie dies in Abbildung 1 dargestellt ist. Bewerten sie die Handlungsalternative bezüglich ihrer Wirkung auf das Lernen und Verhalten ihrer Schülerinnen und Schüler als erfolgreich, nehmen Lehrpersonen diese in ihr Repertoire auf und verändern nach und nach auch ihre Überzeugungen.

Wirksame Formen der Fort- und Weiterbildung von Lehrpersonen wie auch Initiativen zur Anregung von Unterrichtsentwicklung mit ganzen Schulteams stellen somit folgende Anforderungen: Erstens ist eine direkte Verbindung zwischen der alltäglichen Praxis und den Erfahrungen der Lehrpersonen und den neu zu erwerbenden Wissensbeständen und Entwicklungszielen notwendig. Eine günstige Voraussetzung dafür bietet die Arbeit an konkreten Unterrichtssituationen aus dem eigenen Erfahrungsraum der Lehrpersonen, oder zumindest an exemplarischen Fällen. Lehrpersonen sollen Handlungsalternativen für ihren eigenen Unterricht entwickeln und diese im Sinne einer Erprobung anschließend durchführen können (vgl. auch Kapitel 2.5). Zweitens sind Feedbackschlaufen erforderlich (Altrichter, 2010), in denen Lehrpersonen diese Unterrichtssituationen, ihr Handeln und das Handeln der Lernenden explizit, systematisch und auch mit kompetenten Anderen hinterfragen und ergründen (Clarke & Hollingsworth, 2002).

Eine Voraussetzung für gelingende Unterrichtsentwicklung ist aus dieser Sicht, dass eine Lehrperson sich dazu angeregt fühlt, für sie *neues Unterrichtshandeln zu erproben*. Ideen dafür können in der Interaktion mit Kolleginnen und Kollegen an der Schule kommen oder von außerhalb der Schule, angeregt beispielsweise durch die Teilnahme an einer Fortbildung, die Lektüre eines Fachbuches oder die Einführung eines neuen Lehrmittels.

Der Prozess wird unterstützt, wenn diese *Erprobungsphase in Kooperation mit anderen* erfolgt. Für entsprechende Prozesse bietet das Kollegiale Unterrichtscoaching Anregungen. Sowohl die vorgeschlagene *dialogische Interaktion in der Planung, Durchführung und Nachbereitung von Unterricht* als auch die Fokussierung auf relevante Themen mittels der *Kernperspektiven und Leitfragen* systematisieren die unterrichtsbezogene Zusammenarbeit zwischen Kolleginnen und Kollegen in produktiver Art und Weise.

Eine zentrale Rolle kommt in der Unterrichtsentwicklung auch der *gezielten Evaluation der Wirkung des veränderten Handelns auf das Lernen und Verhalten der Schülerinnen und Schüler* zu. Subjektive Eindrücke sind stark von Vorannahmen beeinflusst und eignen sich damit nur begrenzt als Grundlage für die Bewertung einer Maßnahme und die Entscheidung über deren Fortführung (Clarke & Hollingsworth, 2002). Um eine gute Entscheidungsgrundlage aufgrund verlässlicher Informationen für das weitere Vorgehen zu gewinnen, empfiehlt es sich, systematisch Befragungen und Leistungsüberprüfungen auch mit Schülerinnen und Schülern durchzuführen (Clarke & Hollingsworth, 2002). Darauf gehen wir im folgenden Abschnitt näher ein.

2.4 Unterrichtsdiagnostik zur Identifikation von Entwicklungszielen

In Zusammenhang mit Initiativen zur Unterrichtsentwicklung ganz allgemein, und daher auch für die Anwendung des Kollegialen Unterrichtscoachings, spielt *Unterrichtsdiagnostik* eine bedeutsame Rolle. Dabei geht es um die Frage, *was* denn überhaupt entwickelt werden soll und auch, *wohin* diese Entwicklung führen soll. Die Analyse ihres eigenen Unterrichts liefert den Lehrpersonen die Voraussetzungen zur Bestimmung ihrer eigenen Entwicklungsziele am Ausgangspunkt. Später bildet sie die Grundlage für eine systematische Reflexion der Frage, inwiefern die avisierten Ziele auch erreicht wurden.

Eine wichtige Rolle zur Anregung, Aufrechterhaltung und Steuerung von Prozessen der Unterrichtsentwicklung spielen *Datenrückmeldungen* (Altrichter, 2010). Ergebnisse aus großen internationalen Studien wie PISA, der Hattie-Studie (Hattie, 2013), aber auch aus einer externen oder internen Evaluation des Unterrichts an einer Einzelschule können beim Vergleich mit den heute verfügbaren Erkenntnissen über Merkmale lernwirksamen Unterrichts Irritationen auslösen. Ausführlicher auf Begründungen und *Möglichkeiten beim Vorgehen zur Selbstevaluation von Unterricht* (z.b. mit kollegialer Beobachtung oder Feedback von Schülerinnen und Schülern) gehen beispielsweise Schön (1987), Bastian, Combe und Langer (2003), Buhren (2011) oder auch die Gruppe um Beywl ein (Beywl, Bestvater & Friedrich, 2011).

Anregend und hilfreich als inhaltliche Referenz sind die webbasiert frei zugänglichen Instrumente *EMU (Evidenzbasierte Methoden der Unterrichtsdiagnostik und -entwicklung)* des Teams um Andreas Helmke (Helmke & Helmke, 2014). Auf der Webseite zu EMU (Helmke et al., o.J.) steht vielfältiges Material zur Verfügung, das Lehrpersonen eine systematische, mehrperspektivische und an empirisch und theoretisch begründeten Merkmalen von Unterrichtsqualität orientierte Diagnose erlaubt. Eingeschätzt werden Helmkes bekannte Dimensionen von Unterrichtsqualität:

- Strukturiertheit, Klarheit, Verständlichkeit
- Effiziente Klassenführung und Zeitnutzung
- Lernförderliches Unterrichtsklima
- Ziel-, Wirkungs- und Kompetenzorientierung
- Schülerorientierung, Unterstützung
- Angemessene Variation von Methoden und Sozialformen
- Aktivierung: Förderung aktiven, selbstständigen Lernens
- Konsolidierung, Sicherung, Intelligentes Üben
- Vielfältige Motivierung
- Passung: Umgang mit heterogenen Lernvoraussetzungen

Ein vergleichbares Webtool sind die *Linzer Diagnosebogen zur Klassenführung (LDK)*, die von einer Gruppe um Johannes Mayr und Ferdinand Eder entwickelt wurden (Mayr, Eder, Fartacek, Lenske & Pflanzl, 2004). Im Fokus der Einschätzung mit dem LDK stehen in drei Hauptskalen Themen wie Beziehungsförderung, Kontrolle, Unterrichtsgestaltung sowie in sechs Nebenskalen Aspekte wie Lehrermotivation, Einstellung der Lehrperson zur Klasse respektive der Schülerinnen und Schüler zur Lehrperson, Problemverhalten der Lernenden.

Sowohl EMU als auch LDK umfassen jeweils *Fragebogen für die Selbst- und Fremdeinschätzung* (Kolleginnen und Kollegen, Schülerinnen und Schüler) für unterschiedliche Schulformen. Beide Instrumente ermöglichen es, verschiedene Perspektiven zu berücksichtigen. Sie erlauben eine effiziente Auswertung und bieten gut lesbare Darstellungen der Einschätzungen von Unterrichtsqualität.

2.5 Nachhaltige Weiterbildungsformate

Darüber, was und wie Lehrpersonen im Kontext eines komplexen Geflechts von informellen, formellen, obligatorischen, freiwilligen, geplanten wie auch zufälligen Lerngelegenheiten tatsächlich lernen, wissen wir erst wenig (Kyndt, Gijbels, Grosemans & Donche, 2016; Lipowsky, 2014; Wilson & Berne, 1999). Die Wirksamkeit traditioneller Formen von Fort- und Weiterbildungen, insbesondere kurze und isolierte One-Shot-Fortbildungen ohne Nachbetreuung, werden schon länger in Frage gestellt (z.b. Gräsel, Fussangel & Parchmann, 2006; Huberman, 1995; Joyce & Showers, 1995). Formate, die nur auf Wissensvermittlung ausgerichtet sind, werden kritisiert. Die Teilnehmenden werden zu wenig als aktiv Lernende ernst genommen und das Lernen ist meist in ungenügender Weise im Arbeitskontext der Lehrpersonen situiert (Putnam & Borko, 2000); Wilson & Berne, 1999).

Metaanalysen zur Wirkung von Fort- und Weiterbildungsmaßnahmen für Lehrpersonen zeigen jedoch, dass diese durchaus Potential haben, sich positiv auf das Wissen, die Motivation und das Handeln von Lehrpersonen und auf das Lernen von Schülerinnen und Schülern auszuwirken – wobei die ermittelten Effektstärken erheblich variieren (Lipowsky, 2014). Insgesamt gibt es jedoch erst wenig belastbares Wissen über die Wirkungen von spezifischen Formen von Fort- und Weiterbildungen auf die Unterrichtsqualität und das Lernen der Schülerinnen und Schüler. Auf der Grundlage von umfangreichen und für die USA repräsentativen Erhebungen selbstberichteter Wirkungen von Fort- und Weiterbildungen auf das Lernen von Lehrpersonen und ihren Unterricht (Garet, Porter, Desimone, Birman & Yoon, 2001) wissen wir aber beispielsweise, dass insbesondere die folgenden Bedingungen von Bedeutung sind:

– ein klarer Fokus auf Unterrichtsinhalte,
– Möglichkeiten zu praxisbezogenem Lernen in kooperativen Settings wie beispielsweise das Beobachten von kompetenten Lehrpersonen, das Erhalten von Feedback zum eigenen Unterricht oder die Teilnahme an Gesprächen zur Umsetzung von Kursinhalten in die Praxis,

– sowie die Kohärenz der Lernaktivitäten insgesamt wie beispielsweise der Zusammenhang zwischen dem curricularen Inhalt von Weiterbildung und Unterricht.

Für Ansätze wie das Unterrichtscoaching besteht ein besonders hohes Potential, diese Bedingungen zu realisieren und damit wirksame Fort- und Weiterbildung zu erzielen (Desimone & Pak, 2016; Staub, 2001).

3 Ansätze zur kooperativen Unterrichtsentwicklung

Im Folgenden stellen wir ausgewählte Ansätze zur Unterstützung von Unterrichtsentwicklung vor. Es sind Ansätze, die Ähnlichkeiten mit dem Kollegialen Unterrichtscoaching aufweisen oder sich mit diesem kombinieren lassen. Vor allem in Kapitel 4 gehen wir auf diese Zusammenhänge näher ein. Die Entwicklung von Unterricht findet immer in einem sozialen Kontext statt. Menschen einer einzelnen Schule oder eines schulübergreifenden Verbundes kommunizieren in *Tandems, Stufenteams, Fachgruppen* oder auch *Mentoraten im Rahmen der Ausbildung* über für sie relevante Fragen der Unterrichtsgestaltung und des Lernens. Eine wichtige Rolle spielen daher Ansätze, die Hinweise darüber geben, wie diese Kommunikation fruchtbar erfolgen kann.

3.1 Peer Coaching – Kollegiale Unterstützung in gleichberechtigter Beziehung

Für wirksame Schulentwicklung wird heute zunehmend unterrichtsbezogene Kooperation gefordert (z.B. Fussangel & Gräsel, 2011; Kreis & Staub, 2013; Maag Merki, 2009; Scheerens & Bosker, 1997; Zwart, Wubbels, Bolhuis & Bergen, 2008). Gezielte kollegiale Kooperation ist für die Weiterentwicklung von lernförderlichem Unterrichtshandeln von Lehrpersonen vielversprechend (Thurlings, Evers & Vermeulen, 2014). Eine Form des kooperativen Lernens ist gegenseitiges *Coaching* zwischen Peers (Britton & Anderson, 2010; Joyce & Showers, 1995; Kreis & Staub, 2009, 2013; Showers & Joyce, 1996), d.h. zwischen Personen mit ähnlichem Status. Lehrpersonen treffen sich in Tandems, um gemeinsam Unterricht zu planen, sich gegenseitig zu beobachten, Vorschläge und Hilfestellungen zu bieten und zu reflektieren (Ackland, 1991; Joyce & Showers, 1995). Die Literaturreviews von Lu (2014) und Thurlings & den Brok (2014) belegen positive Effekte von Peer Coaching auf die Erweiterung unterrichtsrelevanter Kompetenzen erfahrener Lehrpersonen. Formen von Peer Coaching können auch zwischen zukünftigen Lehrpersonen in *praxissituierten Ausbildungskontexten* angewendet werden. Effekte eines Ausbildungsmoduls zu Kollegialem Unterrichtscoaching wurden in der Interventionsstudie KUBeX mit zukünftigen Biologielehrpersonen für die Sekundarstufe untersucht (Kreis, Schnebel, Engeli, Wagner & Musow, in prep.; Schnebel & Kreis, 2014). Auf die Ergebnisse dieser Studie gehen wir in Kapitel 6.3 ein.

Das Potential von kollegialer Unterstützung zwischen Peers zur Unterrichtsentwicklung liegt vor allem in ihrer nicht-hierarchischen Beziehung (Lu, 2014; Zwart et al., 2008). Zwischen Lehrpersonen und ihren Schulleiterinnen oder Schulleitern beispielsweise besteht ein *formal-hierarchisches Gefälle*. Oftmals finden in entsprechenden Beziehungen auch Selektions- und Beurteilungsprozesse statt. Dieses Gefälle entfällt zwischen *gleichrangigen* Kolleginnen und Kollegen. Es ist zu erwarten, dass dies eine offenere Auseinandersetzung auch mit Unsicherheiten und Schwächen hinsichtlich des eigenen Handelns begünstigt. Zu bedenken ist allerdings auch, inwiefern sich Kolleginnen und Kollegen eines Schulteams aufgrund ihrer unterschiedlichen Ausbildungen, beruflicher Sozialisation und Erfahrung sowie allenfalls formal unterschiedlichen Anstellungsbedingungen tatsächlich als gleichrangig betrachten. Als wichtigste Grundlage für eine produktive Zusammenarbeit „auf Augenhöhe" erachten wir, dass die Beteiligten

– sich als gleichberechtigt wahrnehmen,
– einander Wertschätzung entgegenbringen
– und offen für die Idee sind, dass die Zusammenarbeit ihr eigenes Lernen anzuregen vermag.

Diese Kultur der gegenseitigen respektvollen Wertschätzung und Offenheit ist trotz Asymmetrien bezüglich Erfahrung und Wissen – und vielleicht sogar der formalen Hierarchie etwa in Ausbildungssettings – möglich.

3.2 Kollegiale Hospitation

Die grundlegende Idee kollegialer Hospitation besteht darin, dass sich zwei oder mehr Kolleginnen oder Kollegen gegenseitig besuchen, wobei die besuchende Person (oder Gruppe von Personen) im Anschluss an die Stunde eine Rückmeldung erteilt (Arbeitsstelle für Hochschuldidaktik Universität Zürich, 2007; Buhren, 2011; Kreis, 2015). Als zentrale Schritte gelten dabei:
1. Entschluss zur Durchführung kollegialer Hospitation
2. Einführung zum Vorgehen und Tandem- oder Gruppenbildung
3. Organisation der Hospitation und Festlegen von Beobachtungsschwerpunkten
4. Durchführung des Unterrichts mit Beobachtung
5. Reflexive Nachbesprechung und Planung des weiteren Vorgehens

Dieser prototypische Ablauf bietet ein orientierendes Gerüst für die Zusammenarbeit. Die Qualität der Hospitation allerdings wird insbesondere durch die Qualität der Nachbesprechung und deren inhaltliche Schwerpunkte bestimmt. Für die Qualität der Interaktionen – und auch, damit sich Lehrpersonen überhaupt auf Hospitation einlassen – sind folgende Bedingungen besonders relevant. Insbesondere bedeutsam ist das *Vertrauensverhältnis* zwischen den Hospitierenden. Nur wer sich sicher fühlt, dass Aussagen im Rahmen kollegialer Hospitation nicht verbreitet oder gar irgendwann in nachteiliger Weise verwendet werden, wird sich öffnen, Einblicke in sein Unterrichtshandeln erlauben und sich auf eine kritische Reflexion einlassen. Für die hospitierende Lehrperson kann es auch bei vorhandenem Vertrauen schwierig sein, von ihr als kritisch eingeschätzte Beobachtungen anzusprechen. Um das Risiko von Störungen in der kollegialen Beziehung zu vermeiden, sagt sie dann vielleicht lieber nichts. Es bleibt beim gegenseitigen Schulterklopfen. Ihre Zeit und Energie investieren Lehrpersonen allerdings tendenziell nur dann in zum Unterricht zusätzliche Aktivitäten wie Hospitationen, wenn sie diese als *gewinnbringend erleben*. Ob dies der Fall ist, hängt davon ab, ob kooperatives Lernen stattfindet, das für die Beteiligten in eine als hilfreich wahrgenommene Erweiterung und Optimierung ihres unterrichtsbezogenen Handlungsrepertoires mündet, ohne ihr Selbstwertgefühl zu gefährden.

3.3 Feedback

Feedback steht in enger Beziehung mit Hospitation. Im Sinne *beobachtungsgestützter* Rückmeldungen gilt es für das Lernen von Lehrpersonen als wesentlich (Altrichter, 2010; Buhren, 2011). Einigkeit besteht darüber, dass Form und Inhalt von Feedback für dessen Wirkung entscheidend sind. Für Rückmeldungen im Anschluss an Unterrichtsbeobachtungen wird in der Literatur zu kollegialer Hospitation die Einhaltung von Feedbackregeln empfohlen wie sie z. B. von Buhren (2011, S. 69 ff.) beschrieben werden. Diese sollen insbesondere eine *wertschätzende und konstruktive Kommunikationskultur* sicherstellen. Diese gilt als grundlegende Voraussetzung für eine entwicklungsorientierte Interaktion zwischen Kolleginnen und Kollegen, in der auch kritische Punkte offen angesprochen werden können (Buhren, 2011; Kreis & Staub, 2013; Thurlings et al., 2014).

Der Inhalt unterrichtsbezogenen Feedbacks bezieht sich einerseits auf das *Handeln einer Lehrperson* sowie andererseits auf die *Nutzung dieses Angebotes durch die Schülerinnen und Schüler* und *die Wirkung auf deren Lernen*. Gemäß Thurlings, Vermeulen, Kreijns, Bastiaens und Stijnen (2012) entsteht Feedback *im interpretativen Vergleich*. Beobachterinnen oder Beobachter gewinnen beim Unterrichtsbesuch Informationen über das Unterrichtshandeln der Lehrperson und über das Verhalten, eventuell auch über die Leistungen der Schülerinnen und Schüler. Diese *Beobachtungen* interpretieren sie vor dem Hintergrund ihrer *Erwartungen*. Diese Erwartungen können unterschiedlich stark an empirisch gestützten *Instrumenten* orientiert sein (vgl. Kapitel 2.4).

In Zusammenhang mit Feedback gebräuchlich sind die Begriffe des *konstruktiven* vs. des *destruktiven* respektive *ineffektiven Feedbacks*. Thurlings et al. (2012, S. 201; vgl. auch Buhren, 2011, S. 69 ff.) nennen hierzu zentrale Merkmale, die im Kommunikationsprozess komplex zusammenspielen. *Effektives und konstruktives Feedback*

– ist zielorientiert,
– bezieht sich auf spezifische Beobachtungen,
– ist detailliert,
– greift kritische Ereignisse auf,
– erfolgt wertschätzend und respektvoll,
– balanciert positive und kritische Kommentare,
– wird vorwiegend mittels offener und klärender Fragen geäußert,
– ist lösungsorientiert.

Ineffektives Feedback hingegen ist unspezifisch-generalisierend, vage, person- statt verhaltensbezogen, oberflächlich und zu positiv (beschönigend) oder zu negativ und damit selbstwertgefährdend. Ineffektiv sind gemäß empirischer Studien außerdem Ratschläge, Bewertungen und Suggestivfragen (Thurlings et al., 2012).

Zu beachten ist, dass effektives Feedback im Sinne der Anregung eines sachbezogenen und produktiven Gesprächs über Unterrichtsqualität nicht über das bloße Befolgen einer Reihe von Regeln entsteht. Die förderliche Wirkung von Feedback entsteht in einer komplexen Gesprächssituation unter Einbezug vieler unterschiedlicher Gesprächshandlungen, wie dies in Kapitel 3.6 zum *Fachspezifischen Unterrichtscoaching* sowie in Kapitel 4 zum *Kollegialen Un-*

terrichtscoaching ausgeführt wird. Der Balanceakt besteht darin, ein ziel- und lösungsorientiertes Gespräch über Unterricht zu führen, das zur (selbst-)kritischen Infragestellung von suboptimalen Handlungsroutinen führt, ohne dass dabei das Selbstwertgefühl und das Selbstwirksamkeitserleben der beteiligten Personen gefährdet wird.

3.4 Videobasierte Unterrichtsentwicklung

Eine produktive Form der *beobachtungsbasierten Reflexion von Unterricht* bietet der Einsatz von Videoaufnahmen. Entsprechende Verfahren erweitern das Potential für Lernen gegenüber Hospitation und kollegialem Feedback. Der Vorteil von Videoaufnahmen liegt darin, dass sie beliebig oft, in Ruhe, auch ausschnittweise und von einer (im Rahmen der Datenschutzvereinbarung) größeren Anzahl von Personen betrachtet werden können. Erste Formen videobasierter Unterrichtsentwicklung wurden ausgehend von der TIMS-Videostudie, in welcher die Qualität von Mathematik- und Naturwissenschaftsunterricht international vergleichend untersucht wurde, von Hiebert und Stiegler (2000) sowie basierend auf der japanischen Praxis der *Lesson Studies* von Lewis (2002) entwickelt. Durch die immer kostengünstigeren und einfacheren technischen Möglichkeiten der Videografie gewinnt das Vorgehen zunehmend an Bedeutung. Im deutschsprachigen Raum werden videobasierte Verfahren bisher vor allem in der *Grundausbildung von Lehrpersonen* eingesetzt (z.B. Krammer, Hugener & Biaggi, 2012). Videobasierte Unterrichtsentwicklung birgt aber auch Potential für die schulsituierte und vor allem auch fachspezifisch ausgerichtete *Fortbildung erfahrener Lehrpersonen*. So konnten etwa Gröschner, Seidel, Kiemer und Pehmer (2015) zeigen, dass Lehrpersonen, die ihr Unterrichtshandeln im Zusammenhang mit einer Fortbildung videobasiert reflektierten, neue Elemente öfter in ihren Unterricht einbauen als ihre Kolleginnen und Kollegen der Vergleichsgruppe ohne videobasierte Reflexion.

Exemplarisch beschreiben wir an dieser Stelle das *Lesson Analysis Framework* von Santagata (2014), einen *videobasierten Reflexionszyklus*, der anhand eigener oder fremder Videos durchgeführt wird. Die Bearbeitung erfolgt in einer moderierten Gruppe von Lehrpersonen. Im Zentrum der Analyse stehen videografierte Ausschnitte aus echten Unterrichtsstunden.

Das Lesson Analysis Framework schlägt vier Phasen vor, in welchen jeweils spezifische Fragen bearbeitet werden. Mittels dieser Fragen werden die Lehrpersonen durch ihre gemeinsame videobasierte Analyse geleitet und der entstehende Dialog wird angereichert.

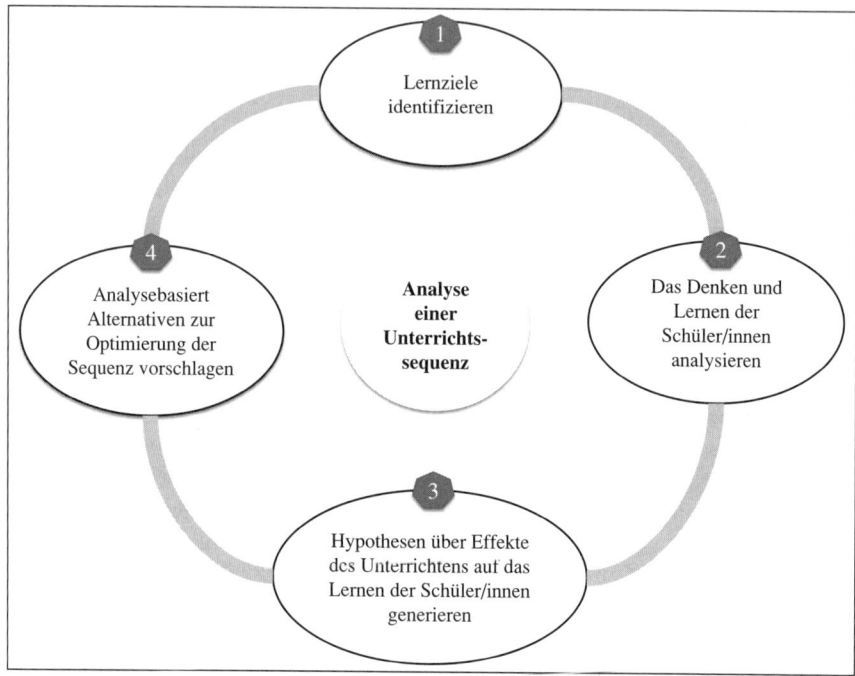

Abb. 2: *Lesson Analysis Framework zur Reflexion von Unterrichtssequenzen in vier Phasen nach Santagata und Guarino (2011, S. 134)*

Der Bearbeitung von Videosequenzen geht die *Auswahl von geeigneten und für das Lernen der Teilnehmerinnen und Teilnehmer relevanten Ausschnitten* voraus. An dieser Stelle würde es zu weit führen, darauf einzugehen. Wir verweisen zur Vertiefung auf die zitierte Literatur.

Der *erste Schritt* im Zyklus gilt sodann der *Identifikation der Lernziele*. Die Gruppe tauscht ihre Hypothesen darüber aus, welche Lernziele in der Unterrichtssequenz gefördert werden sollen, welche zentralen Ideen und Konzepte die Schülerinnen und Schüler in der ausgewählten Sequenz verstehen sollen.

Im *zweiten Schritt* steht die *Analyse des Denkens und Lernens der Schülerinnen und Schüler* im Mittelpunkt. Die Gruppe ergründet beobachtungsbasiert, ob und wie sich ein Fortschritt im Lernen der Schülerinnen und Schüler hinsichtlich der im ersten Schritt identifizierten Ziele feststellen lässt. Welche Belege sind hierfür erkennbar? Welche Hinweise deuten allenfalls darauf hin, dass die Lernenden keine Fortschritte machen? Welche Hinweise fehlen für eine Interpretation bezüglich des Lernfortschritts?

Im *dritten Schritt* generiert die Gruppe *Hypothesen über Effekte des Unterrichtens auf das Lernen der Schülerinnen und Schüler*. Es wird ergründet, welche Unterrichtsstrategien der Lehrperson das Denken und Lernen unterstützen könnten, aber auch, welche weniger hilfreich oder gar hinderlich wären.

Im *vierten und letzten Schritt* steht die *Suche nach Alternativen zur Optimierung der Unterrichtssequenz* im Zentrum. Basierend auf den vorangegangenen Analysen untersucht und diskutiert die Gruppe, welche alternativen Unterrichtsstrategien die Lehrperson anwenden könnte, um die Denk- und Lernprozesse der Schülerinnen und Schüler hinsichtlich der zentralen Lernziele zu optimieren.

Gemäß Santagata und Guarino (2011) ist Videografie ein potentes Werkzeug, um die Analyse und den Dialog zwischen zukünftigen oder auch bereits praktizierenden Lehrpersonen über komplexe Situationen ihrer Unterrichtspraxis anzuregen. Videoaufnahmen erlauben es, eine Praxis sichtbar zu machen, die sich über Jahrzehnte hinter mehrheitlich geschlossenen Türen entwickelt hat. Santagata und Guarino (2011) betonen aber auch, wie wichtig es sei, ein respektvolles, unterstützendes und vertrauensvolles Klima aufzubauen und die Gefühle und Eigenheiten der Beteiligten zu respektieren.

Ein nicht zu vernachlässigendes Thema im Zusammenhang mit Videoaufnahmen sind die Bestimmungen des Datenschutzes. Videoaufnahmen erfordern das Einholen des Einverständnisses aller aufgezeichneten Personen, bei Kindern auch von deren Eltern, nach einer verbindlichen Verständigung darüber, wer die Videos zu sehen bekommt.

Die Fragen des Reflexionszyklus nach Santagata und Guarino (2011) weisen eine hohe Übereinstimmung mit den in Kapitel 4.1.3 dargestellten Kernperspektiven zur Planung und Reflexion von Unterricht auf, die im Fachspezifischen Unterrichtscoaching von Staub, West und Bickel (2003) zur Steuerung und Anregung der Gespräche über Unterricht eingesetzt werden. Eine Kombination von Kollegialem Unterrichtscoaching mit videobasierter Reflexion ist gut denkbar.

3.5 Teamteaching oder Co-Teaching

Unter Teamteaching wird das gemeinsame Unterrichten von zwei oder mehr Lehrpersonen verstanden. Damit erschöpfen sich jedoch bereits die Gemeinsamkeiten unterschiedlicher Definitionen: Je nach Ansatz werden in den Definitionen unterschiedliche Akzente gesetzt (Kricke & Reich, 2016; Roth & Tobin, 2005) und auch andere Bezeichnungen verwendet wie etwa *Co-Teaching*, *kooperatives Unterrichten* oder *gemeinsames Unterrichten* (Baeten & Simons, 2014). Wir verwenden in diesem Buch den Begriff *Teamteaching* und definieren diesen gemäß Zumwald (2013, S. 47) wie folgt:

– Mindestens zwei Lehrpersonen unterrichten in derselben Klasse.
– Der Unterricht wird inhaltlich und methodisch gemeinsam geplant, durchgeführt und evaluiert.
– Die Lehrpersonen tragen gemeinsam die Verantwortung für den Unterricht und teilen die Aufgaben bzw. die Zuständigkeiten für einzelne Schülerinnen und Schüler auf.
– Sie unterrichten oder unterstützen den Unterricht in wechselnden Rollen.

Andere Definitionen von Teamteaching unterscheiden sich vor allem mit Bezug auf den zweiten, dritten oder vierten Punkt der Definition von Zumwald (2013): Das *Ausmaß an Kooperation in der Planung, Durchführung und Nachbereitung des Unterrichts*, die *Verteilung der Verantwortung*, die *Rollen*, welche die Beteiligten *während des Unterrichts* einnehmen, sowie die *Anwesenheit der Beteiligten* und deren *Interaktion mit der Klasse* können unterschiedlich ausfallen.

Teamteaching kommt vor allem aus zwei Gründen eine zunehmende Bedeutung zu: Erstens bietet diese Form von Unterricht Möglichkeiten zur Bewältigung der Anforderungen in Zusammenhang mit der gestiegenen *Heterogenität* in heutigen Schulklassen. So unterrichten in *inklusiven Klassen* zunehmend Regellehrpersonen zeitgleich mit Fachpersonen für Sonderpädagogik und weiterem pädagogischem Personal (Friend, Cook, Hurley-Chamberlain & Shamberger, 2010; Kreis, Wick & Kosorok Labhart, 2016). Ebenfalls eine bedeutsame Rolle spielen Formen des Teamteachings in der Aus- und Fortbildung von Lehrpersonen, die direkt an Schulen durchgeführt wird. Baeten und Simons (2014) systematisieren für diesen Kontext in enger Anlehnung an Friend und andere (2010) *fünf Formen von Teamteaching*. Die Formen unterscheiden sich in der *Intensität der Kooperation* zwischen den Beteiligten, in deren *Rollen während, vor und nach dem Unterricht* und bezüglich der *Verteilung der Verantwortung* für die Klasse.

Ausmaß der Kooperation	Form von Teamteaching	Rollen der Beteiligten
gering ⁞ intensiv	Beobachtung	Eine Lehrperson trägt die volle Verantwortung, die zweite beobachtet.
	Coaching	Eine Lehrperson trägt die volle Verantwortung, die zweite unterstützt sie in der Rolle als Coach.
	Assistenz	Eine Lehrperson trägt die Hauptverantwortung, eine Assistenz übernimmt in Teilverantwortung Aufgaben zur Entlastung der Hauptverantwortlichen.
	Gleichberechtigtes Unterrichten	Beide Lehrpersonen sind gleichberechtigt und übernehmen gemeinsam die Verantwortung für den Unterricht. Sie unterrichten je nach Situation – *nacheinander* mit der ganzen Klasse, – *parallel* denselben Inhalt je mit einem Teil der Klasse an verschiedenen Stationen oder *alternativ* mit einer Teilgruppe mit speziellen Bedürfnissen einen modifizierten Inhalt, – *verschiedene* Inhalte, wobei die Lernenden die Stationen wechseln.
	Teaming	Beide Lehrpersonen tragen gemeinsam die Verantwortung für die Klasse, sind gleichberechtigt an der Vor- und Nachbereitung sowie Durchführung von Unterricht beteiligt, stehen gleichzeitig vor und in der Klasse.

Tabelle 1: Fünf Formen von Teamteaching nach Baeten und Simons (2014, S. 93 ff)

Im Kollegialen Unterrichtscoaching bezeichnen wir die Sequenz des gemeinsam verantworteten Unterrichtens nicht als Teamteaching, sondern sprechen von *gecoachtem Unterricht* (vgl. Kapitel 4.2). Dies soll unterstreichen, dass der Coach seine Aufmerksamkeit während der gesamten Stunde auf seinen Coachee richtet. Mit Schülerinnen und Schülern kann der Coach zwar auch interagieren, jedoch immer so, dass der direkte Kontakt mit dem Coachee erhalten bleibt. Im Unterschied zu einem Coaching im Teamteaching gemäß Baeten und Simons (2014) trägt der Coach in einem Kollegialen Unterrichtscoaching mehr Mitverantwortung für das Lernen der Schülerinnen und Schüler; und dies zwar nicht in der unmittelbaren Interaktion mit den Schülerinnen und Schülern, sondern indirekt durch den Fokus auf deren Lernen. Zudem gibt das Kollegiale Unterrichtscoaching eine inhaltliche und kommunikative Struktur zur Gestaltung der Planung und Auswertung von Unterricht vor. Vor allem diese Elemente des Ansatzes eignen sich sehr gut auch zur Intensivierung von Formen des Teamteachings wie dem *gleichberechtigten Unterrichten* und dem *Teaming*, in denen das Lernen der Schülerinnen und Schüler im Fokus steht und das heute vor allem auch für inklusive Klassen gefordert wird.

3.6 Fachspezifisches Unterrichtscoaching

Das in diesem Buch dargestellte Kollegiale Unterrichtscoaching basiert auf dem Fachspezifisch-Pädagogischen Coaching (Staub 2001, 2004), das auch als Fachunterrichtscoaching (Hirt & Mattern, 2014; Staub, 2014) oder Fachspezifisches Unterrichtscoaching (z.B. Kreis & Staub 2011; Staub, 2015) bezeichnet wird. Die Entwicklung des Ansatzes erfolgte in Zusammenarbeit mit dem Institute for Learning am Learning Research and Development Center der Universität Pittsburgh/USA unter der Bezeichnung Content-Focused Coaching (Staub, Bill & Miller, 1998; West & Staub, 2003).

Dieser Ansatz zur Weiterbildung von Lehrpersonen „on the job" bietet einen Orientierungsrahmen, wie Lehrpersonen bei der Planung, Durchführung und Reflexion ihres Unterrichts durch einen Coach unterstützt und damit in ihrer professionellen Entwicklung gefördert werden können. Dabei handelt es sich um ein *Expertencoaching*, da der Coach über eine möglichst hohe fachliche, pädagogische und fachdidaktische Expertise für den Unterricht auf der Zielstufe verfügen sollte.

3.6.1 Leitprinzipien

Die Zusammenarbeit orientiert sich an folgenden Leitprinzipien (Staub, 2001, 2004, 2015):

- Die Zusammenarbeit erfolgt bei der Planung, Durchführung und Reflexion von Unterricht.
- Grundlage der Zusammenarbeit ist ein respektvoller Dialog.
- Im Zentrum steht das fachspezifische Lernen der Schüler/innen.
- Das Gespräch über Unterricht und Lehr-Lernprozesse erfolgt in hohem Masse inhaltsbezogen.
- Der Coach übernimmt Mitverantwortung für die Gestaltung des Unterrichts und das Lernen der Schüler/innen.
- Der Coach unterstützt im Dialog mit der Lehrperson die gemeinsame Weiterentwicklung (Kokonstruktion) des Unterrichts durch aktives Zuhören und Einbringen von eigenen Hilfestellungen, Anregungen und Begründungen.
- Sowohl die Lehrperson als auch der Coach verstehen sich als Lernende.
- Der Coach geht flexibel auf die aktuelle Unterrichtssituation und die Entwicklungsbedürfnisse der Lehrperson(en) ein und orientiert seine Arbeit zugleich an wissenschaftlich fundierten Instrumenten.

3.6.2 Coachingzyklus und Rollen

Im Unterrichtscoaching bildet der Dreischritt *Vorbesprechung*, *Durchführung* und *Nachbesprechung* von Unterricht einen Coachingzyklus, der für weitere gemeinsam verantwortete Unterrichtseinheiten wiederholt werden kann. Im Gegensatz zu vielen anderen Coachingmodellen wie beispielsweise dem *Cognitive Coaching* (Costa & Garmston, 1994) beschränkt sich der Coach nicht auf die Rolle der *Prozessberatung*, sondern übernimmt darüber hinaus Mitverantwortung für die konkrete Gestaltung und Durchführung des Unterrichts. Ausgangspunkt einer Vorbesprechung kann ein bereits vorbereiteter Lektionsplan der Lehrperson oder des Coachs sein. Noch nicht vollständig ausgearbeitete *Unterrichtsskizzen* oder *Unterrichtsentwürfe* ermöglichen einen besonders großen gemeinsamen Gestaltungsspielraum. Auch während des Unterrichts verharrt der Coach in der Regel nicht allein in der Rolle eines Beobachters. Coach und Lehrperson unterrichten auch gemeinsam, indem sie abwechslungsweise bestimmte Teile des Unterrichts übernehmen oder sich der Coach beispielsweise an Klassengesprächen beteiligt. Damit die Lehrperson während des gesamten Unterrichts aus der Zusammenarbeit mit dem Coach lernen kann, werden Varianten des Teamteachings, welche die Aufteilung der Klasse erfordern, vermieden. In Nachbesprechungen sind insbesondere die Analyse der erreichten Lernergebnisse sowie Unterrichtssequenzen, die nicht gemäß den Erwartungen verliefen, von hohem Interesse. Damit diese gemeinsame Reflexion nicht unverbindlich bleibt, gehen Nachbesprechungen in der Regel in Vorbesprechungen der nächsten Unterrichtseinheit über.

Die Rollenstruktur auf der Grundlage gemeinsam verantworteter Unterrichtsplanung führt im Fachspezifischen Unterrichtscoaching zu einer fruchtbaren Kooperationsdynamik. *Im Zentrum steht nicht in erster Linie die gecoachte Lehrperson, sondern das gemeinsame Projekt,* den *Unterricht für die Schülerinnen und Schüler lernförderlich zu gestalten.* In dieser Zusammenarbeit entstehen sowohl für die gecoachte Lehrperson als auch für den Coach vielfältige Lerngelegenheiten. Zur Rolle von Unterrichtscoachs gehört auch, dass sie Lehrpersonen nicht nur einzeln unterstützen, sondern auch mit Gruppen von Lehrpersonen arbeiten, Fachgruppen oder Fachschaften leiten, Fortbildungselemente organisieren und unterrichten oder Schulleitungen bei der Planung von Angeboten zur Fortbildung unterstützen (vgl. Hirt & Mattern, 2014; West & Staub, 2003).

3.6.3 Gesprächshandlungen für Dialoge und Kokonstruktion

Aufgrund der Mitverantwortung für den Unterricht und der eigenen Unterrichtsexpertise bringt ein Coach auch substanzielle Hilfestellung zur Gestaltung des Unterrichts ein. Dies auf eine Art und Weise, welche die Lehrperson mit ihren Überzeugungen und ihrem Denken ernst nimmt und sie bei der Weiterentwicklung des Unterrichts unterstützt. Zur Ermöglichung solch *kokonstruktiver Dialoge* (West & Staub, 2003) muss es dem Coach einerseits gelingen, dass die gecoachte Lehrperson ihre eigenen Pläne, Ideen und Überzeugungen darlegt, begründet, elaboriert und auch hinterfragt. Andererseits bringt der Coach an geeigneten Stellen auch eigene Ideen, Anregungen, Hinweise und Begründungen ein. Kokonstruktionen gelingen, wenn sowohl Coach wie auch Coachee zur gemeinsam verantworteten Unterrichtsgestaltung beitragen. Folgende drei grundlegende Arten von Gesprächshandlungen können der Reflexion von Coaching-Gesprächen dienen:

- *Einladende Gesprächshandlungen:* Mittels Fragen, Aussagen und aktivem Zuhören werden Lehrpersonen dazu eingeladen und aufgefordert, eigene Beobachtungen, Pläne, Überlegungen und Begründungen einzubringen.
- *Gesprächshandlungen mit Hilfestellung zur Unterrichtsgestaltung:* Gesprächsbeiträge, welche die Lehrperson bei der Unterrichtsgestaltung und deren Begründung aktiv unterstützen.
- *Verständnissicherung und Handlungskoordination:* Wiedergaben in eigenen Worten, Zusammenfassungen, explizite Abmachungen zum Vorgehen in Besprechungen und im Unterricht.

Coachs achten auf eine *angemessene Balance* zwischen Gesprächshandlungen, welche dem aktiven Zuhören einerseits und dem Einbringen von eigenen Gestaltungsvorschlägen andererseits dienen. Lehrperson und Coach überlegen und begründen gemeinsam, welche Gestaltungsvarianten für das Lernen der Schülerinnen und Schüler der betreffenden Klasse am produktivsten waren oder sein könnten.

3.6.4 Kernperspektiven und Leitfragen zur Planung und Reflexion

Im Ansatz des Fachspezifischen Unterrichtscoachings werden Coach und Coachee anhand von *Kernperspektiven und Leitfragen zur Unterrichtsplanung und zur Reflexion von Unterricht* (Staub, 2001; West & Staub, 2003) angeregt, die Unterrichtsgestaltung aus lehr-lerntheoretisch begründeter Sicht und möglichst auch fachspezifisch in den Blick zu nehmen. Mit der flexiblen Verwendung solcher begrifflicher Instrumente basiert ein Coach seine Unterstützung nicht allein auf seiner Erfahrung, sondern er orientiert sich darüber hinaus auch an wissenschaftlich fundierten Konzepten und Perspektiven. In der Zusammenarbeit mit Coachs können Lehrpersonen entsprechende Überlegungen zur Planung und Reflexion von Unterricht weiterentwickeln und verinnerlichen.

Zentrale Kernperspektiven:

- Klärung der Fachinhalte, Lernziele und Kompetenzen
- Einordnung der Lektion(en) in Unterrichtseinheit und Lehrplan
- Diagnose von Vorwissen und Antizipation von Schwierigkeiten der Schülerinnen und Schüler

– Gestaltung des Unterrichtsarrangements und der Unterstützung zur Erreichung der Lern- und Bildungsziele

Die spezifischen *Leitfragen* für Kernperspektiven thematisieren beispielsweise das unterrichtsrelevante Vorwissen, fachspezifische Schwierigkeiten oder inadäquate Vorstellungen der Schülerinnen und Schüler, wie zentrale Inhalte der Lektion erklärt werden können, oder die Frage danach, wie im Unterricht Gelegenheiten geschaffen werden, dass die Schülerinnen und Schüler ihr Denken und Verstehen mitteilen und damit für die Lehrperson und Mitschülerinnen und Mitschüler erkennbar machen können. Ausführlich werden die Leitfragen in Kapitel 4.1.3 dargestellt (vgl. auch Arbeitshilfe 9.2).

3.6.5 Studien zum Fachspezifischen Unterrichtscoaching in der Fortbildung

Content-Focused Coaching hat sich in den USA als Ansatz zur schulinternen Weiterbildung von Lehrpersonen im Mathematikunterricht bewährt (West & Staub, 2003).

Die bisher umfangreichste Untersuchung zur Wirksamkeit des Content-Focused Coaching umfasste 29 Schulen, 167 Lehrpersonen und deren Schülerinnen und Schüler und fokussierte auf die Förderung der Leseleistung in der 3. und 4. Klassenstufe im Fach Englisch (Matsumura, Garnier & Spybrook, 2013). In einer als Längsschnitt angelegten Interventionsstudie wurden die teilnehmenden Schulen aus Austin (Texas) randomisiert entweder dem Ansatz des Fachspezifischen Unterrichtscoachings oder dem an den Schulen bereits praktizierten Unterrichtscoaching für den Englischunterricht (literacy coaching) zugewiesen. Die Arbeit der Fachspezifischen Unterrichtscoachs zielte auf die Kompetenzen zur Planung, Durchführung und Reflexion von Unterrichtsgesprächen, in welchen es um das Verständnis und die Diskussion englischer Texte ging. Hierzu wurden kognitionspsychologisch fundierte methodisch-didaktische Ansätze beigezogen (Beck & McKeown, 2006). Die Lehrpersonen wurden monatlich im Unterricht sowie in wöchentlichen Treffen von klassenstufenbezogenen Lehrpersonenteams durch entsprechend ausgebildete Unterrichtscoachs unterstützt. Die Ergebnisse dieser umfangreichen Interventionsstudie zeigten Effekte für das Content-Focused Coaching sowohl mit Bezug auf die im Unterricht gemessene *Qualität von Textdiskussionen* wie auch für die *Verbesserung der Leseleistung der Schülerinnen und Schüler*.

In einer in der Schweiz durchgeführten quasi-experimentellen Interventionsstudie zur Förderung adaptiver Lehrkompetenz durch Fachspezifisches Coaching im Sachunterricht konnten Verbesserungen in der *Planungskompetenz* der unterstützten Lehrpersonen aufgezeigt werden (Beck et al., 2008).

3.6.6 Studien zum Fachspezifischen Unterrichtscoaching in der Ausbildung

Die Kooperationsstruktur des Fachspezifischen Unterrichtscoachings lässt sich auch für die Unterstützung von angehenden Lehrpersonen im Kontext von Praktika nutzen. Auch hierzu im Folgenden ausgewählte Erkenntnisse aus der Forschung.

In einer quasi-experimentellen Interventionsstudie mit zehn Praxislehrpersonen und 26 Lehramtsstudierenden der Primarschulstufe im Kontext von Halbtagespraktika im ersten Studienjahr fanden Futter und Staub (2008), dass die Mehrzahl der an der Untersuchung teilnehmenden Lehramtsstudierenden Unterrichtsvorbesprechungen auf der Grundlage des Fachspezifischen Unterrichtscoachings im Vergleich mit den in der Praxis dominierenden Unterrichtsnachbesprechungen für das eigene professionelle Lernen als hilfreicher beurteilten.

In einer weiteren quasi-experimentellen Interventionsstudie von Kreis und Staub wurden 16 Praxislehrpersonen auf der Grundlage des Fachspezifischen Unterrichtscoachings zu Unterrichtscoachs für den Mathematikunterricht während einer Kursdauer von insgesamt 50 Stunden ausgebildet. Im Vergleich zu einer Kontrollgruppe mit 16 erfahrenen Praxislehrpersonen, welche die übliche Praktikumsbetreuung anboten, zeigte sich, dass die als Unterrichtscoachs ausgebildeten Praxislehrpersonen im Praktikum häufigere und längere Unterrichtsvorbesprechungen durchführten (Kreis & Staub, 2011) und die von ihnen betreuten Lehramtsstudierenden einen *höheren Lernertrag*, gemessen an verschiedenen Indikatoren (Kreis & Staub, 2011; Kreis & Staub, 2012), sowie eine höhere extern eingeschätzte *Unterrichtsqualität* zeigten (Brunner, Kreis, Staub, Schoy-Lutz & Kosorok Labhart, 2014). Anhand detaillierter Analysen der Unterrichtsbesprechungen zeigte Kreis (2012), dass insbesondere kokonstruktive

Elaborationen der Unterrichtsplanung mit hohen Lernerträgen einhergingen. Ebenso zeigte sich für Nachbesprechungen, dass diese vor allem dann zu verbalisierbarem Lernen führen, wenn genügend Zeit für die kokonstruktive Bearbeitung von Problemen und Unklarheiten eingesetzt wurde. Rein monologische Rückmeldungen der Praxislehrperson erwiesen sich demgegenüber als weniger lernförderlich.

4 Kollegiales Unterrichtscoaching

Kollegiales Unterrichtscoaching (Kreis, 2014; Kreis & Staub, 2009, 2013) ist ein der Hospitation verwandter, jedoch deutlich darüber hinausgehender Ansatz zur kollegial unterstützten *Unterrichtsentwicklung*. Dieses Format von Unterrichtsentwicklung empfiehlt sich vor allem für Kollegien, die bereits über erste Erfahrungen mit *unterrichtsbezogener Kooperation* verfügen und ihre Schulzimmer bereits für Kolleginnen und Kollegen öffnen. Ziel von Kollegialem Unterrichtscoaching ist eine vertiefte Auseinandersetzung mit den eigenen unterrichtsbezogenen Handlungsroutinen, deren kooperativ-kritisches Hinterfragen und die gemeinsame Erprobung neuer Handlungsmöglichkeiten unter einem möglichst fachspezifischen Blickwinkel auf die Lehr- und Lernprozesse.

Der Ansatz lehnt sich eng an das *Fachspezifische Unterrichtscoaching* von Staub (2001, 2004; West & Staub, 2003) an. *Kollegiales Unterrichtscoaching* ist sozusagen ein Spin-off einer Interventionsstudie, die wir vor rund zehn Jahren zum Fachspezifischen Unterrichtscoaching durchführten (Kreis & Staub, 2011). Im Verlauf der Studie äußerten Mentorinnen und Mentoren, die wir als Coaches für die Betreuung von Unterrichtspraktikantinnen und -praktikanten ausbildeten, Interesse, den Ansatz auch im Kollegium an ihren Schulen anzuwenden. In der Folge erprobten wir das Fachspezifische Unterrichtscoaching unter dem Namen Kollegiales Unterrichtscoaching im kollegialen Setting, in dem Coach und Coachee formal-hierarchisch gleichgestellt sind (Kreis, Lügstenmann & Staub, 2008; Kreis & Staub, 2009). In einer explorativen Studie mit Weiterbildungsinterventionen zu Kollegialem Unterrichtscoaching und in Kombination mit fachdidaktischen Impulsen konnte eine qualitative und quantitative *Intensivierung unterrichtsbezogener Kooperation zwischen Lehrpersonen* aufgezeigt werden (Kreis et al., 2008; Kreis & Staub, 2009). Der Ansatz stieß auch weiterhin auf großes Interesse. Seit rund zehn Jahren führen wir regelmäßig Weiterbildungen mit Schulteams, aber auch mit Verantwortlichen für Unterrichtsentwicklung und Multiplikatorinnen und Multiplikatoren in der Aus- und Weiterbildung von Lehrpersonen durch.

Mit der Interventionsstudie KUBeX (Kollegiales Unterrichtscoaching und Entwicklung experimenteller Kompetenz im Unterrichtspraktikum) führten wir diese Arbeit weiter, indem wir Studierende für das Lehramt Biologie der Sekundarstufe 1 als Coachs ausbildeten (Kreis, Musow & Schnebel, in Vorb.;

Kreis et al., in prep.; Schnebel & Kreis, 2014; Smit, Rietz & Kreis, 2016). Im Laufe der Jahre haben sich auf der Grundlage der für das Fachspezifische Unterrichtscoaching zentralen begrifflichen Werkzeuge verwandte *Coachingsettings* für die Aus- und Fortbildung von Lehrpersonen herausgebildet (vgl. hierzu auch Kapitel 6).

Während im ursprünglichen Ansatz des Fachspezifischen Unterrichtscoachings Lehrpersonen durch einen *Expertencoach mit hoher fachdidaktischer Expertise* unterstützt werden, erfolgt dies in einem Kollegialen Unterrichtscoaching durch *eine Kollegin oder einen Kollegen*. Die Lehrpersonen coachen sich *in wechselnden Rollen gegenseitig*. Sie werden angeregt, einen kokonstruktiven und reflexiven Dialog über ihr Unterrichtshandeln aufzunehmen. In einer Vorbesprechung planen sie zu zweit eine Unterrichtssequenz, meist eine Stunde oder Doppelstunde, die sie anschließend gemeinsam verantwortet durchführen und reflektieren. Ziel jedes Kollegialen Unterrichtscoachings ist, wie auch im Fachspezifischen Unterrichtscoaching, die bestmögliche Ausrichtung des *fachspezifischen* Unterrichtshandelns der gecoachten Lehrperson (Coachee) im Hinblick auf die Gestaltung optimaler Lerngelegenheiten für die Schülerinnen und Schüler. Diese kooperative und in der Praxis situierte Arbeit unterstützt die Erweiterung der unterrichtsrelevanten Kompetenzen und des Handlungsrepertoires der gecoachten Lehrperson.

4.1 Die zentralen Elemente des Ansatzes

4.1.1 Coaching in drei Schritten

Ein Coachingzyklus ist immer um eine *Unterrichtsstunde oder Unterrichtseinheit* herum organisiert und umfasst die drei Schritte *Vorbesprechung, Unterricht* und *Nachbesprechung*. Ausgehend von einer Unterrichtsidee der gecoachten Lehrperson planen Coach und Coachee im Dialog gemeinsam eine Gestaltungsvariante für eine konkrete Unterrichtssequenz, die sie anschließend gemeinsam verantwortet durchführen und reflektieren. Kollegiales Unterrichtscoaching geht über Ansätze wie kollegiale Hospitation oder kollegiales Feedback hinaus, indem sich der Coach auch an der *Planung* und *Durchführung* des Unterrichts aktiv beteiligt und *Mitverantwortung* für das Lernen der Schülerinnen und Schüler übernimmt.

4.1.2 Dialogische Gesprächsführung

Der Kern des Kollegialen Unterrichtscoachings ist die *dialogische Ausarbeitung* der Unterrichtsplanung und die dialogische Reflexion der Stunde durch Coach und Coachee. Im offenen Gespräch wird während der Vorbesprechung eine geteilte Auffassung über die Planung der Unterrichtssequenz entwickelt. In der Nachbesprechung stehen eine mehrperspektivische und reflexive Betrachtung der vorhergehenden Unterrichtsstunde und die Suche nach möglichen Konsequenzen für zukünftiges Unterrichtshandeln im Zentrum. Sowohl in der Vor- als auch in der Nachbesprechung lädt der Coach die gecoachte Kollegin respektive den Kollegen durch gezielte, an den Kernperspektiven orientierte Fragen ein, die eigenen Ideen zu hinterfragen, zu begründen und allenfalls auch zu transformieren. Untersuchungen zur Wirksamkeit von Coachinggesprächen im Praktikum haben gezeigt, dass es für das Lernen der Coachees besonders hilfreich ist, wenn sie vom Coach mit einem *direkten Bezug auf konkrete Unterrichtssituationen* und mit dem *Ziel der Verbesserung der Lerngelegenheit* für die Schülerinnen und Schüler dazu angeregt werden, ihre Vorstellungen weiterzuentwickeln (Futter, 2016; Kreis, 2012). Nach Bedarf und vor allem auf Anfrage des Coachees hin lässt der Coach aber auch eigene Ideen, Anregungen und Hinweise zur Unterrichtsgestaltung einfließen. Idealerweise erfolgt auch dies in Form von Angeboten, die vom Coachee aufgegriffen und in die eigene Vorstellung der Unterrichtsplanung oder -reflexion eingebaut, aber auch zurückgewiesen werden können. Durch verständnissicherndes Nachfragen (z.B. „Verstehe ich richtig, dass ...") stellt der Coach sicher, dass ein geteiltes Verständnis über die Unterrichtsplanung entsteht. Diese Form des entwicklungsorientierten, wertschätzend-hinterfragenden Dialogs wird in der Nachbesprechung des Unterrichts fortgesetzt. Der Coach (C) wendet somit folgendes Gesprächshandeln an:

Einladende Gesprächshandlungen: Mittels Fragen, Aussagen und aktivem Zuhören werden Lehrpersonen dazu eingeladen und aufgefordert, eigene Beobachtungen, Pläne, Überlegungen und Argumente einzubringen. Beispiele:

C: Hast du eine Idee, woran es liegen könnte, dass sie da dieses Textverständnis nicht haben?

(Clip 1[1])

---
[1] Sofern Hinweise auf Clipnummern vermerkt sind, beziehen sich diese auf die in Kapitel 7 erläuterten Beispielvideoclips.

C: Und wie willst du das jetzt einführen? Hast du schon einen (Olchi) fertig? Oder wie schaffst du die Motivation, dass sie da jetzt Lust darauf' haben?
(Clip 2)

C: Mhm ... Und wie viel Zeit rechnest du dafür?
(Clip 4)

Gesprächshandlungen mit Hilfestellung zur Unterrichtsgestaltung: Hinweise oder Ideen des Coachs, welche die gecoachte Lehrperson im Sinne eines Angebots bei der Unterrichtsgestaltung und deren Begründung aktiv unterstützen. Beispiele:

C: Okay. Und dass es auch damit zusammenhängt vielleicht, dass die von der kulturellen Kompetenz einfach die Inhalte nicht so durchdringen können oder meinst du das ist nicht so das Problem?
(Clip 1)

C: Gut. Gehen wir doch gerade der Reihe nach. Jetzt, die wichtigsten Bestandteile des menschlichen Auges kennen. (..) Mir fehlt irgendwie eine Angabe, wie viele sie kennen müssen.
Ce: Hmm ...
(Clip 5)

C: Also die (..) die 14 wichtigsten Bestandteile oder sind es nur zehn oder sechs?
(Clip 5)

Gesprächshandlungen zur Verständnissicherung und Handlungskoordination: Durch die Wiedergabe in eigenen Worten, Zusammenfassungen oder explizite Nachfragen stellt der Coach sicher, die Aussagen des Coachees (Ce) verstanden zu haben. Beispiele:

> C: Also, hab' ich richtig verstanden, dass du beginnen möchtest mit einer ... mit einer Revision oder mit einer Vorwissensaktivierung?
>
> (Clip 4.1)

> C: Also liegt das schon länger zurück, das Futur I, die Behandlung?
> Ce: Nein, nein.
> C: Nicht?!
> Ce: Das hatten sie in den letzten Wochen gelernt.
>
> (Clip 4.1)

Im Weiteren steuert der Coach das Gespräch mit *Fragen zur Klärung des Vorgehens im Unterricht oder in den Besprechungen* und regt entsprechende Vereinbarungen an. Beispiele:

> C: Sollen wir uns dann was überlegen, wie man das beides entlastet, einmal die Vokabeln ...
> Ce: Mhm (nickt).
> C: ... und dann ihnen vielleicht einige Techniken (unverständlich)?
> Ce: Finde ich eine gute Idee.
>
> (Clip 1)

> C: Gibt es eine Sequenz in der Stunde, während der du möchtest, dass ich mich beteilige?
>
> (ohne direkte Referenz)

In einer explorativen Studie konnte gezeigt werden, dass Lehrpersonen, die vorher kollegiale Hospitationen durchgeführt hatten, sich in Kollegialen Unterrichtscoachings intensiver und länger über unterrichtsrelevante Themen unterhielten und dies als produktiver erlebten (Kreis et al., 2008). Insbesondere zeigte sich, dass in den gecoachten Nachbesprechungen mehr über kritische Situationen gesprochen wurde als in den vorhergehenden Hospitationen mit Feedback. Wir vermuten, dass sich dies durch die gemeinsame Verantwortungsübernahme und die damit einhergehende höhere Selbstverpflichtung der besuchenden Lehrperson – hier des Coachs – erklären lässt. Wer sich mitverantwortlich fühlt für eine Situation, ein Ereignis, kann mit einer Kollegin oder einem Kollegen leichter Aspekte ansprechen, die als kritisch eingeschätzt werden. Die gemeinsame Übernahme von Verantwortung und der gleichberechtigt-dialogische Charakter ermöglichen somit Gespräche über Themen, die für den oder die Coachee relevant und kritisch sind.

4.1.3 Kernperspektiven und Leitfragen zur Planung und Durchführung von Unterricht

Unterrichtsplanungen und erst recht der eigentliche Unterricht sind hoch komplex und vielschichtig. Wie in Kapitel 2 erläutert, spielt beim Sprechen über Unterricht außerdem erschwerend eine Rolle, dass insbesondere das Wissen von erfahrenen Lehrpersonen in hohem Masse implizit und daher schwierig zu verbalisieren ist. Für Lehrpersonen kann somit die Fokussierung auf für das Lernen der Schülerinnen und Schüler bedeutsame Aspekte in der Vor- und Nachbesprechung von Unterricht eine Herausforderung darstellen. Aus diesem Grund werden im Kollegialen Unterrichtscoaching zur inhaltlichen Fokussierung des unterrichtsbezogenen Dialogs begriffliche Werkzeuge aus dem Fachspezifischen Unterrichtscoaching eingesetzt (Staub, 2001, 2004). Ein Repertoire mit *Leitfragen zur Planung und Reflexion von Unterricht zu vier Kernperspektiven* dient als Orientierungsrahmen, um die Gestaltung von Unterrichtssequenzen in einem Kollegialen Unterrichtscoaching zu durchdenken. Die Fragen sollen dem Coach die Gesprächsführung erleichtern. Coach und Coachee wählen nach ihrem aktuellen Entwicklungsbedarf aus den vier Kernperspektiven Fragen aus und diskutieren diesbezügliche Alternativen und Begründungen.

Seit der Veröffentlichung der Leitfragen durch Staub, West und Bickel (2003) als ein zentrales Instrument im Fachspezifischen Unterrichtscoaching wurden diese mit Vertreterinnen und Vertretern aller Unterrichtsstufen und verschiedener Fächer vielfach erprobt und teilweise leicht modifiziert (Staub, 2015). Die vorliegende Version basiert auf einer Veröffentlichung zum Kollegialen Unterrichtscoaching (Kreis & Staub, 2013) und wurde 2014 im Rahmen der Studie „KUBeX – Kollegiales Unterrichtscoaching und Entwicklung experimenteller Kompetenz im Unterrichtspraktikum" (Kreis et al., in Vorb.) von einer aus schweizerischen und deutschen Lehrpersonenbildnerinnen und -bildnern zusammengesetzten Forschungsgruppe bearbeitet.

Klärung der Fachinhalte und Lern-/Bildungsziele der Unterrichtssequenz

- Welches sind die Lern-/Bildungsziele der Unterrichtssequenz?
- Welches sind die zentralen Fachbegriffe in der Unterrichtssequenz?
- Sollen die Schülerinnen und Schüler in der Unterrichtssequenz bestimmte Strategien, fachspezifische Arbeitsweisen erlernen?
- Welches Lernziel oder welche Lernziele/Kompetenzen haben in dieser Unterrichtssequenz Priorität?
- Wie werden den Schülerinnen und Schülern die Ziele und Erwartungen transparent gemacht?

Einordnung der Unterrichtssequenz in thematische Einheit und Lehr-/Bildungsplan

- Auf welche Kompetenzen des Lehr-/Bildungsplans wird mit dieser Unterrichtssequenz hingearbeitet?
- Wurden oder werden die Lerngegenstände der Unterrichtssequenz auch zu einem anderen Zeitpunkt mit den Schülerinnen und Schülern bearbeitet?

Vorwissen und mögliche Schwierigkeiten der Schülerinnen und Schüler

- Welche für die Unterrichtssequenz relevanten inhaltlichen Konzepte wurden mit der Klasse bereits bearbeitet?
- Welche Strategien, fachspezifischen Arbeitsweisen können bei den Schülerinnen und Schülern bereits vorausgesetzt werden?
- Welche Erfahrungen und Vorstellungen (Präkonzepte) sind zu diesem Thema bei den Schülerinnen und Schülern vorhanden oder zu erwarten, woran kann angeknüpft werden?
- Welche Schwierigkeiten sind zu beobachten oder könnten bei den Schülerinnen und Schülern auftreten?

Unterrichtsgestaltung zur Unterstützung der Lernprozesse

- Welche Sozialformen und Unterrichtsmethoden werden eingesetzt, um das Erreichen der Lernziele zu unterstützen?
- Wie wird der Einstieg in die Unterrichtssequenz gestaltet?
- Mit welchen Aufgaben sollen die Schülerinnen und Schüler die Lerninhalte und Lernziele bearbeiten und erreichen?
- Wie lauten die konkreten Auftragsformulierungen bzw. Arbeitsanweisungen?
- Welche Veranschaulichungen, Modelle oder Unterrichtsmedien werden verwendet?

- Wie werden die unterschiedlichen Lernvoraussetzungen der Schülerinnen und Schüler berücksichtigt? Wie werden Schülerinnen und Schüler mit besonderen Schwierigkeiten unterstützt? Welche zusätzlichen und herausfordernden Aufgaben gibt es für Schülerinnen und Schüler, welche die Anforderungen bereits erfüllt haben?
- Wie werden Möglichkeiten geschaffen, damit Schülerinnen und Schüler ihre Vorstellungen und ihr Denken äußern können?
- Wie werden die Schülerinnen und Schüler angeregt und unterstützt, fachbezogen zu argumentieren und respektvoll auf die Überlegungen anderer einzugehen?
- Wie soll neu aufgebautes Wissen gefestigt werden?
- Wie wird sichtbar, ob die Schülerinnen und Schüler die Lernziele erreicht haben (Lern-/Leistungsdiagnose)?
- Wie wird das Erreichte gewürdigt?
- Wie wird beurteilt, inwiefern die Schülerinnen und Schüler die Lernziele erreicht haben?
- Wie viel Zeit wird für die einzelnen Phasen der Unterrichtssequenz veranschlagt?
- Ist die Gestaltung der Unterrichtssequenz auf deren wichtigsten Lernziele ausgerichtet?

Diese Liste ist nicht wörtlich und vollständig abzuarbeiten. Vielmehr soll sie den jeweiligen Entwicklungszielen des Coachees angepasst und allenfalls um eigene Themen erweitert werden. Die Reihenfolge der Kernperspektiven und Leitfragen folgt zwar einer inhaltlichen Logik, kann jedoch nach Bedarf verändert werden. Insbesondere die Verwendung von *Karten* mit je einer Leitfrage hat sich in der Praxis sehr bewährt. Coachees können so übersichtlich und einfach für sie relevante Aspekte auswählen und sich diesbezüglich mit ihrem Coach absprechen.

Die Kernperspektiven und Leitfragen sind als *Liste* (Arbeitshilfe 9.2) sowie als *Kopiervorlage für die Herstellung von Karten* (online verfügbar, s. Hinweis in der Einleitung) in den Arbeitsmaterialien zu finden.

4.1.4 Rolle als Coach und Coachee

Kollegiales Unterrichtscoaching wird mit einer Partnerin oder einem Partner durchgeführt. Pro Coachingzyklus legen die beiden jeweils fest, wer die

Rolle des Coach respektive des Coachees wahrnimmt. In einem nächsten Zyklus werden diese Rollen im Allgemeinen gewechselt.

In Fortbildungen mit Schulteams taucht bisweilen die Frage auf, ob es denn notwendig sei, diese Rollen eindeutig zuzuweisen und einzuhalten. Spontan neigen Lehrpersonen dazu, sich in nicht differenzierten Rollen miteinander zu unterhalten. Für eine klare Unterscheidung zwischen Coach und Coachee gibt es verschiedene Gründe. Wo eine Lehrperson die Hauptverantwortung für eine Klasse hat, wird sie in der Regel für den Unterricht in dieser Klasse die Rolle des Coachee einnehmen. Im Falle von Uneinigkeiten in Gestaltungsfragen wird die für die Klasse hauptverantwortliche Person Entscheidungsvorrang behalten. Wir gehen weiter davon aus, dass es hilfreich ist, wenn eine der beiden Personen eindeutig die Hauptverantwortung für die Gesprächsführung und die Orientierung an den Coachingelementen übernimmt und bewusst eine unterstützende Rolle einnimmt. Damit und durch den Fokus auf die *Kompetenzerweiterung der gecoachten Lehrperson* geht Kollegiales Unterrichtscoaching über verbreitete Formen der *Hospitation,* des *kollegialen Feedbacks* und des *Team- oder Co-Teachings* (vgl. Kapitel 3.5) hinaus.

4.1.5 Coaching im Tandem

Die sich gegenseitig und in wechselnden Rollen coachenden Tandems gruppieren sich bei der Einführung des Kollegialen Unterrichtscoachings. Ein relevanter Faktor für die Qualität der Interaktion in Kollegialen Unterrichtscoachings ist die *Passung zwischen den Partnerinnen und Partnern.* Grundsätzlich wird Kollegiales Unterrichtscoaching zu zweit durchgeführt. Coaching im *Tandem* ist organisatorisch einfacher (z.B. Terminfindung, Organisation der Co-Präsenz in gecoachten Stunden) und lässt sich damit eher realisieren als dies zu dritt oder in noch größeren Gruppen der Fall wäre. Eine Erweiterung auf Triaden ist jedoch durchaus denkbar, insbesondere wenn organisatorische Gründe dies erfordern, weil z.B. die Bildung von Tandems aufgrund der Anzahl der Personen oder der Interessen bezüglich der Unterrichtsfächer in einem Schulteam nicht möglich ist.

Voraussetzungen für gelingende Tandemkooperation

Dem Prozess der Bildung von Tandems (oder falls notwendig Triaden) kommt eine zentrale Bedeutung zu. Dabei bewährt es sich, folgende Aspekte zu beachten (Kreis, 2015; Kreis & Staub, 2013):

Wertschätzung und Vertrauen: Grundlegende Voraussetzung für eine offene Auseinandersetzung mit dem eigenen Unterrichtshandeln ist gegenseitige Wertschätzung und Vertrauen zwischen den Partnern. Die Lehrpersonen sollen ihre Partnerin oder ihren Partner deshalb selbst wählen können. Allerdings werden auch Coachings zwischen Personen, die bisher noch kaum kooperierten und dies aus eigener Initiative auch kaum getan hätten, als produktiv erlebt (Kreis et al., 2008). Weil Vertrauen auch im Verlaufe positiver gemeinsamer Erfahrungen entsteht, ist es sinnvoll, die Tandems über längere Zeit bestehen zu lassen.

Fach und Stufe: Je nach Zielen des Kollegialen Unterrichtscoachings kann es von Vorteil sein, wenn die Partnerinnen und Partner dasselbe Fach und auf derselben Stufe unterrichten. Dies vor allem, weil Unterricht im Kollegialen Unterrichtscoaching mit einem fach- und stufenspezifischen Fokus geplant und reflektiert werden soll. Allerdings finden sich an kaum einer Schule ausschließlich passende Tandems. Bisherige Erfahrungen zeigen, dass fach- oder stufenfremde Coachs mit ihren Fragen ebenfalls sehr anregende Coachinggespräche zu führen vermögen. Bezüglich Fach und Stufe heterogenere Zusammensetzungen ermöglichen neue Perspektiven und Einblicke und können das Aufdecken und Überdenken von nicht hinterfragten Routinen anregen. In Fortbildungen hören wir denn auch immer wieder, dass auch Coachings über die Fächer und Stufen hinweg als sehr produktiv erlebt werden.

Offenheit: Bei den Mitgliedern eines Schulteams ist die Bereitschaft zum Hinterfragen eigener Handlungsroutinen meist unterschiedlich groß. Für die Qualität der Interaktion im Coachingtandem ist es gemäß unserer Erfahrung produktiver, wenn die Partnerinnen und Partner sich diesbezüglich nicht zu sehr unterscheiden. Ist eine Person ausgesprochen entwicklungsorientiert und die andere verharrend, führt dies leicht zu unerfüllten Erwartungen, Überforderung und Frustrationen. Eine günstige Voraussetzung für gelingende Kooperation ist auch eine zumindest minimale Übereinstimmung hinsichtlich der persönlichen Ziele der Zusammenarbeit. Es empfiehlt sich deshalb, die Bildung der Tandems möglichst frei den Beteiligten zu überlassen.

Anwesenheit an der Schule: Organisatorische Aspekte wie die Präsenz an der Schule, der Stundenplan und, bei mehreren beteiligten Schulstandorten, die Distanz zwischen den Schulhäusern erlauben mehr oder weniger Flexibilität bei der Suche nach gemeinsamen Zeitfenstern für die Unterrichtsbesuche und

Besprechungen. Die Klärung der organisatorischen Bedingungen ist daher wichtig. Wer unterrichtet bei zeitlichen Überschneidungen die Klassen der coachenden Lehrpersonen? Darf aufgrund des Coachings Unterricht ausfallen? Die klare Regelung entsprechender Fragen ist Sache der Schulleitung (vgl. Kapitel 6).

4.2 Ablauf eines Coachingzyklus mit Vorbesprechung, gecoachtem Unterricht und Nachbesprechung

Ein Coachingzyklus besteht aus dem Dreischritt von Vorbesprechung zur gemeinsamen Planung des Unterrichts, der Durchführung des entsprechenden Unterrichts sowie einer Unterrichtsnachbesprechung (vgl. Abbildung 4). *Vor dem eigentlichen Coaching erfolgen Absprachen zur Tandembildung und zur Organisation*. Die gecoachte Lehrperson macht sich zudem *Vorüberlegungen* oder zumindest eine *Planungsskizze* zur gecoachten Unterrichtsstunde oder -sequenz. Im Folgenden beschreiben wir diesen Ablauf etwas ausführlicher.

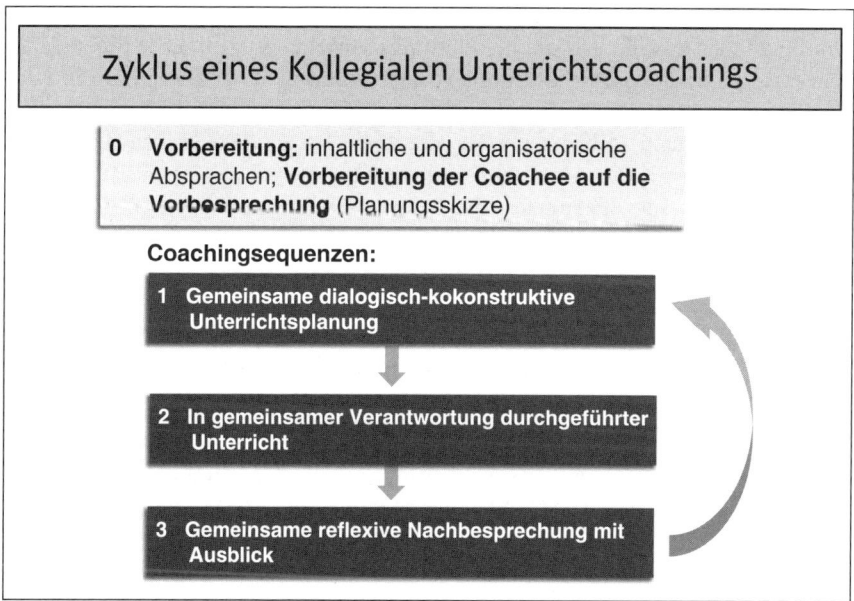

Abb. 3: Ablauf eines vollständigen Coachingzyklus

4.2.1 Vor dem Coaching

Organisatorische Absprache

Vor Beginn eines Kollegialen Unterrichtscoachings verständigen sich die Tandempartner über folgende organisatorische Fragen:
- Wer ist der Coach, wer lässt sich coachen?
- Wann und wo findet das Coaching statt?
- Wann finden der Unterricht, das Planungsgespräch und die Nachbesprechung statt?
- Wie viel Zeit steht für die Besprechungen zur Verfügung?

Vorbereitung des Coachees auf das Planungsgespräch

Die Lehrperson in der Rolle des Coachees entscheidet, welche Lerninhalte in der Unterrichtssequenz unterrichtet werden sollen. Sie bereitet sich sodann auf das Planungsgespräch vor, indem sie eine *Ideenskizze* über die Ziele und auch den zumindest groben Ablauf der Unterrichtsstunde erstellt und allenfalls einzusetzende *Lehrmittel sowie weiteres Unterrichtsmaterial* bereitstellt. Die Frage, wie ausführlich die ins Planungsgespräch eingebrachte Ideenskizze sein soll, diskutieren wir im Rahmen von Fortbildungen vor allem während der Reflexion der Erfahrungen im gemeinsamen Planungsgespräch immer wieder. Sie ist nicht einfach zu beantworten. Vor allem bei Unterrichtscoachings zwischen erfahrenen Kolleginnen und Kollegen hat es sich als vorteilhaft gezeigt, wenn die gecoachte Lehrperson die Lektion nicht schon vor dem Coaching detailliert vorbereitet hat. Bereits gut durchdachte Planungen erfahrener Lehrpersonen lassen meist wenige Optionen offen für Veränderungen und sind damit als Lerngelegenheit im Sinne der Erweiterung des bisherigen Handlungsrepertoires auch weniger ergiebig. Wird das gemeinsame Planungsgespräch hingegen von einer knappen, viel Spielraum offen lassenden *Planungsskizze* ausgehend geführt, steigt die Chance, dass etwas Neues entsteht und sowohl Coachee als auch Coach ihre Unterrichtskompetenz erweitern.

Für das Lernen der Coachees ist es förderlich, im Coachingzyklus ein *neues Unterrichtsarrangement zu erproben, welches über das eigene Standardrepertoire hinausgeht*. Kollegiales Unterrichtscoaching bietet den Lehrpersonen einen Raum, in welchem sie innovatives Unterrichtshandeln in einer sicheren Zone erproben und reflektieren können. Gleichzeitig erleichtern und intensivieren die partnerschaftliche Unterstützung durch den Coach und der strukturierte, durch kognitive Werkzeuge wie die Kernperspektiven angereicherte Prozess die Zusammenarbeit (vgl. Kapitel 4.1.3 und Kapitel 2 über Lernen von Lehrpersonen).

Allerdings muss auch Coaching gelernt werden. Es empfiehlt sich daher sehr, die *Coachingzyklen kontinuierlich fortzuführen*. Unsere Erfahrungen zeigen, dass Lehrpersonen oft gerade am Anfang das Bedürfnis haben, sich schon vor der Besprechung mit ihrer Planung sicher zu fühlen. So bereiten sich die Coachees für ihr erstes gecoachtes Planungsgespräch meist ausführlich vor, wohl um zu vermeiden, sich vor dem Coach eventuell eine Blöße zu geben. Die gemeinsame Planungssequenz ist unter dieser Voraussetzung dann oft weniger ergiebig. Nach ersten vertrauensförderlichen Erfahrungen lassen sich jedoch die Lehrpersonen im Allgemeinen auf die kokonstruktive gemeinsame Planung mit ihrer Kollegin oder ihrem Kollegen ein.

Etwas anders gestalten sich die Voraussetzungen bei *Coachings von Novizenlehrpersonen durch erfahrene Lehrpersonen*, sei dies im Kontext der natürlichen Zusammensetzung eines Schulteams, in schulpraktischen Ausbildungsmodulen, während des *Referendariats* oder im *Mentorat* mit einer Junglehrperson. Wird eine wenig erfahrene Lehrperson, die nicht schon über ein breites Repertoire an Handlungsroutinen verfügt, durch eine erfahrene Lehrperson gecoacht, hat es sich als günstiger erwiesen, wenn sie mit einer ausführlicheren Planung in die Vorbesprechung einsteigt. Es besteht sonst ein gewisses Risiko, dass der Coach – dies durchaus wohlmeinend – das Gespräch mit seinen Ideen dominiert. Novizinnen und Novizen benötigen mehr Zeit, um sich Optionen zur Unterrichtsgestaltung zu überlegen und gegeneinander abzuwägen.

4.2.2 Gemeinsames Planungsgespräch

Für den Ablauf des gemeinsamen Planungsgesprächs hat sich folgendes bewährt:

Bestimmen der thematischen Schwerpunkte des Coachings

Coachee und Coach wählen aus allen vier Kernperspektiven Leitfragen aus, die in diesem Coaching-Zyklus vor allem thematisiert werden sollen. Hilfreich ist es, die Leitfragen in Form von Karten einzusetzen, die flexibler und angenehmer zu handhaben sind als eine Liste (vgl. Kopiervorlage G). Die Leitfragen zu den Kernperspektiven können nach Wunsch und Bedürfnissen auch um eigene Fragen ergänzt werden. Immer zu bearbeiten sind aber die beiden zentralen Leitfragen:

- Was sollen die Schülerinnen und Schüler lernen (Kernperspektive ‚Lernziele, Fachinhalt')?
- Ist die Lektion auf das Lernen der Schülerinnen und Schüler ausgerichtet (Kernperspektive ‚Lektionsgestaltung')?

Kokonstruktive Planung der Stunde

Zu Beginn der Sequenz stellt die gecoachte Lehrperson kurz ihre Ideenskizze sowie allenfalls relevante Lehrmittel und zusätzliches Unterrichtsmaterial vor. In dieser ersten Phase des Gesprächs erfährt der Coach etwas über die Voraussetzungen der Klasse und erhält die notwendigen Informationen zu Lerninhalt und Zielen. Damit werden die Grundlagen für die gemeinsame Planung gelegt. Dies soll aber nicht zu viel Zeit beanspruchen. Etwas länger kann diese Phase eventuell dauern, wenn das Tandem zum ersten Mal zusammenarbeitet, der Coachee die Klasse noch nicht kennt oder der Coach in einem Fach coacht, das er oder sie selbst nicht unterrichtet.

Anschließend planen der Coach und die gecoachte Lehrperson gemeinsam die Unterrichtsstunde. Dabei gehen sie gemäß den Ausführungen in Kapitel 4.1 zu den zentralen Elementen des Ansatzes vor. Der Coach stellt *Fragen* mit Schwerpunkt auf die im Voraus ausgewählten Leitfragen zu den vier Kernperspektiven. Im Sinne von Angeboten gibt er jedoch auch *Hinweise* und bringt seine eigenen *Ideen, Vorschläge und Begründungen* ein. Coach und Coachee elaborieren und transformieren im Dialog ihre Ideen zur Planung der Stunde. Dabei entwickeln sie möglichst eine geteilte Auffassung. Durch klärende Fragen stellen sie sicher, dass sie sich gegenseitig verstehen. Für eine geteilte Auffassung hat sich – zumindest wo auch Fach und Stufe gemeinsam sind – folgendes Prüfkriterium als hilfreich erwiesen: Sowohl Coachee als auch Coach sehen sich im Anschluss an die Vorbesprechung in der Lage, die Unterrichtssequenz durchzuführen.

Im Verlauf des Gesprächs oder an dessen Ende *vereinbaren Coachee und Coach, wer in der Unterrichtsstunde welchen Teil übernimmt*. Worin Optionen zum Coaching während des Unterrichts bestehen, erläutern wir im nächsten Kapitel.

Zum Abschluss des gemeinsamen Planungsgesprächs werden nochmals die ausgewählten Leitfragen sowie die zentrale Frage überprüft: *Ist die Planung des Unterrichts ausreichend darauf ausgerichtet, zielorientierte Lernprozesse der Schülerinnen und Schüler zu fördern?*

4.2.3 Gemeinsam verantwortete Unterrichtsdurchführung

Während des Unterrichts stehen gleichzeitig das Lernen des Coachees und der Schülerinnen und Schüler im Vordergrund. Verglichen mit der sonst verbreiteten Praxis bei Unterrichtsbesuchen, etwa bei Hospitationen oder in mentorierten Praktika, übernimmt der Coach dabei eine aktivere Rolle. Das Element des *gemeinsamen Unterrichtens* ist für die meisten Lehrpersonen neu und damit ungewohnt. Besonders wichtig sind daher die vorgängige Absprache und das explizite Einverständnis der Coachees mit einer aktiven Beteiligung des Coachs.

Mögliche Formen des Coachings während des Unterrichts sind:

- Die gecoachte Lehrperson unterrichtet alleine, der Coach beobachtet und macht sich Notizen im Hinblick auf die Nachbesprechung.
- Der Coach unterrichtet ausgewählte Unterrichtssequenzen als Modell, dies vor allem, wenn er während der Planungsphase einen eigenen, für den Coachee neuen Vorschlag zur Gestaltung des Unterrichts eingebracht hat.
- Die gecoachte Lehrperson und der Coach unterrichten gemeinsam. In Abgrenzung zu herkömmlichem Teamteaching ist dabei jedoch sicherzustellen, dass Coach und Coachee einander immer hören können. Ziel des gemeinsamen Unterrichtens ist ja nicht der Einsatz des Coachs als zweite Lehrperson für die Schülerinnen und Schüler, sondern dessen Funktion zur Unterstützung des Lernens des Coachees.
- Der Coach beteiligt sich nach Vorabsprache spontan während des Unterrichts, zum Beispiel in einer Runde zur Präsentation und Diskussion von Lösungswegen der Schülerinnen und Schüler. Hierbei ist die vorherige Verständigung ausgesprochen wichtig. Der Coachee soll sich keinesfalls übergangen oder gar überfallen fühlen durch eine unerwartete spontane Beteiligung des Coachs.

Die Schülerinnen und Schüler werden im Voraus darüber informiert, dass ihre Lehrperson in dieser Stunde mit einer Kollegin oder einem Kollegen zusammenarbeiten wird. Erfahrungsgemäß erleben die Schülerinnen und Schüler gecoachte Stunden als interessant und schätzen dies wie auch die Abwechslung durch die aktive Anwesenheit einer zweiten Lehrperson.

4.2.4 Nachbesprechung

Die Nachbesprechung findet direkt im Anschluss an die gecoachte(n) Unterrichtsstunde(n) oder zumindest zeitnah statt. Auch diese Coachingsequenz soll möglichst als dialogisches und kokonstruktives Gespräch verlaufen. Coach und Coachee diskutieren die gemeinsame Erfahrung. Dabei orientieren sie sich an den ausgewählten und eventuell auch an weiteren relevant gewordenen Leitfragen. Der Coach bemüht sich vor allem durch das Einbringen von Fragen darum, ein dialogisches und reflexives Gespräch zu erzeugen. Seine Rückmeldungen stützt er durch die Schilderung von Beobachtungen während des Unterrichts. Das Gespräch soll deutlich über eine einfache Bewertung von Unterrichtssituationen als gelungen respektive nicht gelungen *hinausgehen*. Wie schon in der Vorbesprechung gilt es wiederum, auf das *Lernen der Schülerinnen und Schüler* zu fokussieren. Es sollen mögliche Ursachen und Gründe für Schwierigkeiten sowie Optionen zur Veränderung erörtert werden.

Reflexion von Schlüsselereignissen im Dialog

In einem ersten Schritt berichtet der Coachee seine Beobachtungen und seine Einschätzung zum Verlauf und zu den Wirkungen der Unterrichtsstunde. Die gecoachte Lehrperson erzählt, wie die Lektion ihrer Meinung nach verlaufen ist, ob es wesentliche Abweichungen von der Planung und herausfordernde oder unbefriedigende Situationen gegeben hat. Dabei wird möglichst auch auf die in der Vorbesprechung ausgewählten Leitfragen Bezug genommen. Der Coach ergänzt sodann aus seiner Perspektive, ebenfalls im Hinblick auf die in der Vorbesprechung ausgewählten Aspekte. Ziel ist ein reflexiver Dialog über Gelungenes, Unerwartetes und auch Schwieriges und Problematisches. Reflexion meint dabei, dass besonders relevante Ereignisse aus der Unterrichtsstunde hinterfragt und ergründet und hinsichtlich von Möglichkeiten zur Optimierung in zukünftigen Stunden erörtert werden (Näheres zur reflexiven Gestaltung von Unterrichtsbesprechung vgl. Korthagen, Kessels & Koster, 2014; Krieg & Kreis, 2014). Zu beachten sind dabei auch die Hinweise zu konstruktivem Feedback in Kapitel 3.1.

Als besonders hilfreich für die Gestaltung eines Dialogs, in dem vertieft und offen auch über Schwierigkeiten gesprochen werden kann, erweist sich im Kollegialen Unterrichtscoaching der Grundsatz der gemeinsamen Verantwortungsübernahme für die Stunde. Diese wird sowohl durch die gemeinsame Unterrichtsplanung als auch durch die aktive Beteiligung des Coachs während der Stunde hergestellt. In anderen Formen kollegialer Unterrichtsentwicklung wie Hospitation oder kollegialem Feedback fällt es den Rückmeldenden oft schwer, in der Nachbesprechung Problematisches zu thematisieren. Auf der Grundlage der gemeinsamen Verantwortung für die Unterrichtsstunde werden schwierigere Situationen einfacher ansprechbar und die Beziehung wird entlastet.

Verständigung über weitere Coachingaktivitäten

Die Nachbesprechung schließt mit einem Ausblick auf das weitere Vorgehen zum Coaching ab. In der Regel findet ein nächstes Coaching mit getauschten Rollen als Coach und Coachee statt.

Es wird zudem geklärt, welche Fragen für die weitere Entwicklungsarbeit der Lehrperson von Interesse sind und wann und in welcher Form das Coaching fortgeführt werden soll.

5 Die Rolle der Schulleitung bei der Einführung von Kollegialem Unterrichtscoaching

Prozesse der Unterrichtsentwicklung anzuregen und zu führen stellt hohe Anforderungen an Schulleitungspersonen. Zum einen erfordert Unterrichtsentwicklung Zeit, Energie und Offenheit der Lehrpersonen. Zum andern sind Experimente im Unterricht zur Optimierung von Handlungsroutinen mit Aufwand und Risiken verbunden, dies nicht zuletzt vor dem Hintergrund von Stoffdruck und einzuhaltenden Bildungsplänen. Eine vertrauensvolle und unterstützende Umgebung ist daher eine notwendige Voraussetzung. Ausreichende zeitliche Ressourcen sind grundlegend. Eine für das Lernen von Lehrpersonen förderliche Umgebung erfordert von der Schulleitung eine langfristige Planung hinsichtlich der kontinuierlichen Arbeit an der Identifikation und Erreichung von Zielen, die von einer Mehrheit im Team als relevant und realistisch anerkannt werden. So sind beispielsweise regelmäßig stattfindende Veranstaltungen notwendig, in denen Ziele, Zielerreichung und vermittelnde Prozesse mit dem Team abgestimmt und zielförderliche Impulse eingebracht werden. Bleibt dieses nachhaltige Wiederaufgreifen aus, besteht ein hohes Risiko, dass eingeschliffene Handlungsmuster vor allem bei Lehrpersonen unverändert bleiben, die Ansprüche nach Veränderung tendenziell ablehnen. Der zusätzliche Aufwand durch Kollegiales Unterrichtscoaching lässt sich nur dann rechtfertigen, wenn die Lehrpersonen dieses als gewinnbringend zur Bewältigung von Herausforderungen und Problemen erleben, die sie in ihrem Unterrichtsalltag beschäftigen. Die pädagogische Führung durch die Schulleitung, allenfalls unterstützt durch eine Qualitätsgruppe oder Qualitätsbeauftragte, ist wie in allen Schulentwicklungsprozessen auch deshalb hochrelevant, um Prozesse der Unterrichtsentwicklung mit Kollegialem Unterrichtscoaching nachhaltig anzuregen und am Laufen zu halten.

5.1 Datengestützte Unterrichtsentwicklung im Qualitätszyklus

Die Einführung von Kollegialem Unterrichtscoaching als Ansatz zur Unterrichtsentwicklung ist idealerweise eingebettet in die mittel- bis langfristige Entwicklungsplanung einer Schule. Die Einführung eines neuen Ansatzes der kollegialen Kooperation erfolgt als Veränderungsprozess. Dabei empfiehlt sich die Orientierung am bewährten Modell des *Qualitätszyklus*. Dieser baut auf der

Idee einer *datengestützten Schulführung* auf (Altrichter, 2010). Entscheidungen für und Bewertungen von Aktivitäten der Schul- und Unterrichtsentwicklung werden hierbei durch Informationen aus systematischen, ziel- und maßnahmenorientierten Befragungen der Beteiligten gestützt. Dies hat den Vorteil einer erweiterten und objektiveren Sicht auf Situationen und Handlungen bei der Identifikation von Potentialen und Risiken. Fehlen diese Informationen besteht die Gefahr, Einzelereignisse und individuelle Bewertungen zu überschätzen. Bringen beispielsweise zwei Lehrpersonen eines Teams sehr deutlich und emotional ihre Ablehnung gegenüber einer von der Schulleitung geplanten Veränderung zum Ausdruck, kann dies überdecken, dass drei Viertel des Teams der Veränderung durchaus positiv gegenüberstehen.

Der große Vorteil dieses datengestützten und systematischen Vorgehens liegt darin, dass die Einschätzungen aller Beteiligten sichtbar werden. Verzerrungen der Wahrnehmung der Gesamtsituation durch allfällige „laute Ruferinnen und Rufer" werden so relativiert.

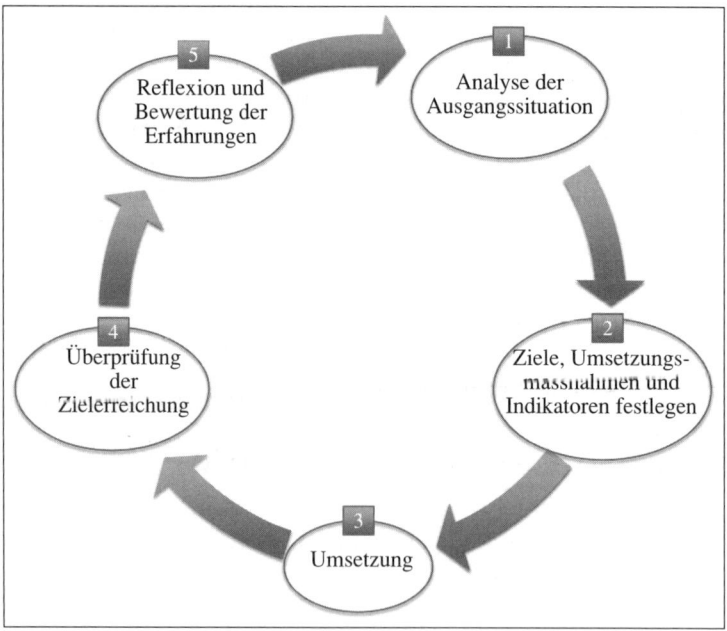

Abb. 4: Qualitätszyklus zur Unterrichtsentwicklung

5 Die Rolle der Schulleitung bei der Einführung von Kollegialem Unterrichtscoaching

Ausführlich beschrieben wird der Ablauf eines durch systematische Planung unterstützten organisationalen Wandels beispielsweise von Schreyögg und Geiger (2015, S. 359 ff.). Wir erläutern die Einführung von Kollegialem Unterrichtscoaching knapp entlang der *fünf Phasen des Qualitätszyklus*:

5.1.1 Analyse der Ausgangssituation

Die erste Phase umfasst die Analyse der Ausgangssituation. Durch Befragung (Lehrpersonen, Schülerinnen und Schüler, Eltern etc.) werden datengestützt Entwicklungsnotwendigkeiten und -potentiale identifiziert, diskutiert und priorisiert. Bei der Einführung von Kollegialem Unterrichtscoaching spielen dabei zwei Handlungsebenen eine Rolle: jene der unterrichtsbezogenen Kooperation der Lehrpersonen sowie jene der Gestaltung des Unterrichts. Für eine Befragung hinsichtlich der unterrichtsbezogenen Kooperation eignen sich beispielsweise die Evaluationsfragen im Arbeitsinstrument 9.6.

5.1.2 Festlegung von Zielen und Maßnahmen zu deren Umsetzung

In der zweiten Phase erfolgt die *Festlegung von Zielen* (vgl. auch Kapitel 5.4) sowie von *Maßnahmen zu deren Umsetzung*. Außerdem werden einfache handhabbare *Indikatoren* festgelegt. Diese erleichtern eine Überprüfung der Zielerreichung und fördern die Verbindlichkeit und Nachhaltigkeit des Prozesses.

Mögliche Ziele bei der Einführung von Kollegialem Unterrichtscoaching bestehen auf der Ebene der Kooperation zwischen Lehrpersonen in der *Häufigkeit der Interaktion zwischen den Lehrpersonen in Bezug auf ihr Unterrichtshandeln*. Indikatoren dafür sind etwa die *Anzahl durchgeführter Coachings* während eines bestimmten Zeitraums, die *Dauer von Unterrichtsbesprechungen* und die besprochenen *Themen*. Auch auf der zweiten Handlungsebene, jener des Unterrichts, können Ziele und Aktivitäten zur Annäherung an diese Ziele definiert werden. Beispiel für ein solches Ziel ist etwa die Gestaltung von Unterricht, der die unterschiedlichen Voraussetzungen einzelner Schülerinnen und Schüler berücksichtigt; Aktivitäten zu dessen Erreichung könnten beispielsweise offene, problemorientierte Aufgabenstellungen im Mathematikunterricht sein, die den Spielraum erweitern für mehr oder weniger komplexe Lösungswege und Lösungen. Der Einsatz von Befragungsinstrumenten wie EMU (vgl. Kapitel 2.4) ermöglicht einen Vergleich zwischen der Ausgangssituation und jener nach einer Phase des Coachings.

5.1.3 Durchführung der vereinbarten Maßnahmen

Es folgt die *Durchführung der vereinbarten Maßnahmen* im Zyklus. In unserem Beispiel sind dies die Durchführung der Coachingzyklen sowie die Fortführung des Unterrichts während des vereinbarten Zeitraums. Als Zeiträume bieten sich schulspezifische Phasen an, ein Semester oder ein Schuljahr. In diesem Zeitraum finden erste Versuche sowohl mit Coaching als auch mit unterrichtsbezogenen Umsetzungen statt. Es ist dabei zu berücksichtigen, dass die Beteiligten Erprobungen eingehen, ohne dass sie schon über Routinen verfügen. Diese Phase ist deshalb anspruchsvoll und erfordert Offenheit und Wertschätzung sowie die Bereitschaft, die Zusammenarbeit und den Unterricht gemeinsam zu reflektieren.

5.1.4 Überprüfung der Zielerreichung

Nach Ablauf des vereinbarten Zeitraums zur Umsetzung steht die Überprüfung der Zielerreichung an. Die aktuelle, an den Zielen und Indikatoren orientierte Einschätzung der Situation nach der Einführung und nach ersten Versuchen mit dem Kollegialen Unterrichtscoaching erlaubt den Vergleich mit der Ausgangssituation. Dabei wird auf der Handlungsebene des Kollegialen Unterrichtscoachings z.B. gefragt, wie häufig die Lehrpersonen Kollegiale Unterrichtscoachings durchführten, worüber und in welcher Interaktionsqualität sie dabei sprachen, wie sie die Coachings erlebten und wie sie diese hinsichtlich ihrer Eignung für ihre persönliche Unterrichtsentwicklung bewerten. Diese Fragen können in einem *Teamworkshop* unter Einbezug der Reflexionsfragen (vgl. Arbeitsinstrument 9.5) erörtert werden. Rückmeldungen zu den Fragen können aber auch in einer anonymen schriftlichen Befragung eingeholt werden (vgl. Arbeitsinstrument 9.6). Auch deren Auswertung wird dem Team in einem Workshop vorgestellt und mit ihm diskutiert.

5.1.5 Planung des weiteren Vorgehens

Es folgt die *Planung des weiteren Vorgehens*. Dabei werden Optionen ausgelotet, bewertet und priorisiert. Mögliche Fragen sind beispielsweise, ob das Kollegiale Unterrichtscoaching weitergeführt werden soll. Sind die früher vereinbarten Ziele noch aktuell? Sollen neue Ziele bestimmt werden? Damit schließt sich der Kreis. Diese fünfte Phase des Qualitätszyklus geht in die erste über.

In den folgenden Abschnitten vertiefen wir einige besonders beachtenswerte Aspekte der Schulführung bei der Einführung von Kollegialem Unterrichtscoaching. Zum konkreten Vorgehen der Implementierung finden sich Beispiele in Kapitel 6.

5.2 Entscheidungsfindung, Organisation und Kick-off für eine nachhaltige Einführung

Für die *Einführung von Kollegialem Unterrichtscoaching* ist es hilfreich, wenn ein Team bereits Erfahrungen mit Hospitationen sammeln konnte. Idealerweise ist das Kollegium zu einem nächsten Schritt bereit und wünscht Impulse, welche zielorientierte Unterrichtsentwicklung anregen. Die Einführung lässt sich gut begründen, wenn eine Schule Kollegiales Unterrichtscoaching als Instrument zur Erreichung *eines gemeinsamen unterrichtsbezogenen Entwicklungsziels* versteht. Beispiele sind etwa Unterrichtsentwicklung in Zusammenhang mit Inklusion, die Umstellung an einer Schule auf altersdurchmischte Lerngruppen, die Arbeit mit einem neuen Lehrmittel oder einem neuen Lehrplan.

In den seltensten Fällen ist das gesamte Team offen für eine neue Entwicklung. Wenn sich grosser Widerstand regt, können erste Versuche auch von einer *Pilotgruppe* (z.B. einer Fachschaft oder einer Gruppe innovationsinteressierter Lehrpersonen) durchgeführt werden.

Schulleitungspersonen unserer Pilotschulen zur Einführung von Kollegialem Unterrichtscoaching (Kreis et al., 2008) betonten, wie wichtig es sei, dem Prozess der Einführung des Ansatzes *Raum und Zeit zu geben*. Sie empfehlen, erst mit Kollegialem Unterrichtscoaching zu starten, wenn größere und tendenziell mit Widerständen verbundene strukturelle oder personelle Veränderungen wie beispielsweise die Zusammenlegung von Schulanlagen oder personelle Wechsel in der Schulleitung vollzogen sind.

5.3 Anreize und Motivation fördern

Am wahrscheinlichsten gelingt die Einführung von Kollegialem Unterrichtscoaching, wenn die Lehrpersonen des Teams von sich aus Interesse daran haben, wenn sie stetige Weiterentwicklung als selbstverständlich für ihre professionelle Berufstätigkeit betrachten, kurz: Wenn sie intrinsisch motiviert sind. Dies können wir allerdings selten für *alle* Beteiligten voraussetzen.

Im Vordergrund steht in allen Fällen die Bereitstellung günstiger *Rahmenbedingungen*. Sie schaffen eine Grundlage, um die Bereitschaft und das Interesse von Lehrpersonen an der Weiterentwicklung ihrer unterrichtsrelevanten Kompetenzen zu fördern. Aus motivationstheoretischer Sicht hat es sich als besonders bedeutsam erwiesen, dass Menschen sich einerseits als kompetent, selbstwirksam und autonom erleben, andererseits aber auch Klarheit darüber haben, was von ihnen erwartet wird und welches ihre Handlungsbedingungen sind. Folgende zehn Grundregeln zur Förderung von Motivation durch Führungspersonen nach Pelz (2004, S. 119–120) bieten dazu eine allgemeine pragmatische Hilfe. Pelz bezieht sich dabei auf Führung in Unternehmen. Wir gehen davon aus, dass eine entsprechend geprägte Kultur auch an Schulen und für die Einführung von Kollegialem Unterrichtscoaching der Motivation des Teams zuträglich ist:

- Behandeln Sie alle Beteiligten mit Wertschätzung und Respekt.
- Vereinbaren Sie klare und realistische Ziele. Erteilen Sie Rückmeldungen über die Zielerreichung.
- Informieren Sie Ihr Team ausreichend und beteiligen Sie es an Entscheidungen.
- Legen Sie klar und offen dar, wobei Mitsprache und Beteiligung erwünscht sind und was entschieden und nicht (mehr) verhandelbar ist.
- Gehen Sie vom Positiven aus, von dem, was Sie ausbauen wollen; fokussieren Sie auf vorhandene Ressourcen statt auf Defizite.
- Nutzen Sie das Wissen und die Erfahrungen der Mitglieder Ihres Teams.
- Schaffen Sie für Ihr Team größtmögliche Handlungsspielräume und zeigen Sie diese auf.
- Achten Sie in kritischen Situationen (z.B. Druck von Eltern) oder bei kritischen Entscheidungen (z.B. Abmahnungen, Versetzungen etc.) darauf, dass die Betroffenen ihr Gesicht wahren können.
- Bestehen Sie darauf, dass an Ihrer Schule Werte wie Ehrlichkeit, Fairness, Toleranz, Zuverlässigkeit, Gerechtigkeit und Vertrauen auf allen Ebenen geschätzt und gelebt werden.
- Gehen Sie so weit wie möglich auf individuelle Voraussetzungen und Bedürfnisse der Lehrpersonen in Ihrem Team ein.

Dieser letzte Aspekt, das *Eingehen auf individuelle Voraussetzungen und Bedürfnisse in Prozessen der Unterrichtsentwicklung*, soll hier aufgrund seiner zentralen Bedeutung noch etwas näher ausgeführt werden. Eine Einführung zum Kollegialen Unterrichtscoaching erfolgt für ein Team meist im Rahmen einer schulinternen Fortbildung und teilweise auch ergänzend mit fachdidaktischen Impulsen (vgl. Kapitel 6).

Die Schulleitungspersonen unserer Pilotschulen (Kreis et al., 2008) empfehlen basierend auf ihren Erfahrungen *differenzierte Fortbildungen und Ziele*. Nicht nur Schulklassen, sondern auch Schulteams sind heterogen zusammengesetzt. Unterschiede bestehen z.B. in Bezug auf die erteilten Unterrichtsfächer und die Zielstufe, Alter und Unterrichtserfahrung, Ausbildung, Fortbildungstätigkeit, Erwartungen sowie Offenheit für Unterrichtsentwicklung und Kooperation wie auch die diesbezüglichen Erfahrungen. Genauso wie Unterricht erfordern daher auch Fortbildungen *differenzierte Angebote*, welche die *Heterogenität der Lehrpersonenteams* berücksichtigen und von denen sich die Lehrpersonen abgeholt und ernst genommen fühlen.

Eine besondere Bedeutung kommt der Frage der *Passung* für spezielles Personal *wie Fach- oder Förderlehrkräfte sowie Therapeutinnen und Therapeuten* (z.B. Logopädinnen) zu. Deren inhaltliche Bedürfnisse und Ansprüche erfüllen gemeinsame schulhausinterne Fortbildungen oft nur bedingt. Das folgende Zitat aus einem Interview mit einer Schulleiterin ein Jahr nach Abschluss der einführenden Fortbildung zu Kollegialem Unterrichtscoaching betrifft die Frage nach der Einbindung von ebensolchem Personal: „Heute kann ich da viel gelassener sein und sagen, die nächste Fortbildung ist für die einen obligatorisch, die anderen dürfen, aber müssen nicht teilnehmen" (Kreis et al., 2008, S. 38). Diese Schulleiterin vertraut darauf, dass Offenheit, Neugier und Interesse des Personals unter der Bedingung höherer Autonomie tendenziell grösser ist und dass sich Widerstände so eingrenzen lassen. Im konkreten Fall ging es darum, dass Fachlehrpersonen zwar an der Einführung und Erprobung zum Kollegialen Unterrichtscoaching teilnahmen, nicht jedoch an der fachdidaktisch ausgerichteten Fortbildung, die ein Fach betraf, das diese nicht unterrichten (Deutsch, Mathematik).

Einen entscheidenden Anstoß können allenfalls auch als *Krisen* empfundene Situationen geben, die *Handlungsdruck erzeugen*. Auf der Ebene der *Schule* kann dies etwa durch die drohende Schließung oder durch eine kritische externe Bewertung bzw. durch eine externe Evaluation ausgelöst werden. Bei *einzelnen Lehrpersonen* Verunsicherung und Handlungsbereitschaft hervorrufen können als schwierig erlebte Unterrichtssituationen oder ernst zu nehmende Kritik von Lernenden, deren Eltern oder Aufsichtsinstanzen. Entsprechende Situationen können im positiven Falle – und bei realistischerweise vorhandener Aussicht auf eine positive Veränderung – starke Kräfte auslösen. Im günstigen Fall sind sie Ausgangspunkt für Prozesse der Innovation. Kollegiales Unterrichtscoaching kann dabei gute Dienste leisten.

5.4 Die Bedeutung von Entwicklungszielen für Unterrichtsentwicklung

Die Forschung zur Lehrpersonenkooperation hat die Bedeutung der Zielorientierung in kooperativen Prozessen der Schulentwicklung deutlich gemacht (Buhren, 2011; Rosenholtz, 1991). Überlegen sich eine Schulleitungsperson, ein Team oder auch ein Tandem von zwei Kolleginnen oder Kollegen, ob sie Kollegiales Unterrichtscoaching als Ansatz der professionellen Entwicklung anwenden wollen, gilt es sorgfältig abzuklären, welche Ziele damit erreicht werden sollen. Eine zumindest in Ansätzen vorhandene Übereinstimmung hinsichtlich der grundsätzlichen Ziele und der Intensität der Zusammenarbeit gilt als Voraussetzung für gelingende Kooperation (Sennett, 2012). Je nach Interessen und Bedarf der Akteurinnen und Akteure sowie ihrer Institution lassen sich mit Kollegialem Unterrichtscoaching Ziele in folgenden fünf Bereichen bearbeiten, die sich teilweise überlagern:

5.4.1 Individuelle Unterrichtsentwicklung

Kollegiales Unterrichtscoaching erlaubt es Lehrpersonen, mit kollegialer Unterstützung individuelle Entwicklungsziele bezüglich des eigenen Unterrichts zu bearbeiten. Einzige Voraussetzung für diese individuell motivierte Variante von Unterrichtsentwicklung ist es, eine Partnerin oder einen Partner und die organisationalen Ressourcen zu finden. Zur Identifikation individueller unterrichtsbezogener Entwicklungsziele eignen sich beispielsweise die von Helmke und seiner Arbeitsgruppe entwickelten und online kostenlos zur Verfügung stehenden Instrumente *„Evidenzbasierte Methoden der Unterrichtsdiagnostik und -entwicklung"* (EMU) (Helmke & Helmke, 2014; Helmke et al., o.J.).

5.4.2 Erreichung gemeinsamer Ziele

Steht an einer Schule die Umsetzung einer didaktischen Innovation wie etwa Individualisierung im Kontext von Inklusion oder Lernen in altersdurchmischten Klassen an, ist die konkrete Umsetzung zwar abhängig vom Handeln der *einzelnen Lehrpersonen*. Eine *kohärente* Umsetzung gemeinsamer Ziele der gesamten Schule erfordert aber auch kooperative Prozesse (Maag Merki, 2009). Explizite, verbindliche und gemeinsame Ziele schaffen Voraussetzungen für klarere, verbindlichere und strukturiertere Prozesse der Unterrichtsentwicklung. Sie tragen dazu bei, für die Schülerinnen und Schüler kohärente, klare und damit besser verständliche Lernumgebungen zu schaffen. Ähnliche Vorstellungen über die Ziele sowohl des Kollegialen Unterrichtscoachings als auch des Unterrichts spielen bei der Bildung der *Coachingtandems* eine zentrale Rolle (vgl. Kapitel 4.1. 5).

5.4.3 Kohärenz der Lernumgebungen für die Lernenden einer Schule

Hat ein Team sich dazu entschlossen, die Kohärenz der Lernumgebungen an seiner Schule zu steigern und sich an gemeinsamen Zielen etwa hinsichtlich pädagogischer Auffassungen zu orientieren, stehen die Entwicklung einer gemeinsamen Sprache und die kooperative Auseinandersetzung mit Fragen zur Unterrichtsgestaltung im Vordergrund. Für die Lernenden ist es beispielsweise hilfreich, wenn für ähnliche oder identische Lerninhalte (z.B. grammatikalische Konzepte im Sprachunterricht) von unterschiedlichen Lehrpersonen dieselben Begriffe verwendet werden. Dies gilt ebenso für unterrichtsmethodische Skripts wie zum Beispiel Werkstatt- oder Projektunterricht. Die Kohärenz zwischen den Lernumgebungen kann auch verbessert werden, wenn die Teammitglieder z. B. in pädagogischen Konferenzen miteinander ins Gespräch kommen und sich abstimmen. Kollegiales Unterrichtscoaching ermöglicht eine vertiefte *Synchronisierung der Sprache und des Handelns von Lehrpersonen*. In der gemeinsamen Tätigkeit und durch gemeinsam erworbene Erfahrungen erweitern Lehrpersonen, die mit denselben Schülerinnen und Schülern arbeiten, ihr geteiltes Wissen (Edwards, 2012).

5.4.4 Kohäsion im Team

Als positive Nebenwirkung kooperativer Unterrichtsentwicklung wird der Zusammenhalt im Team verstärkt. Indem sich die Teammitglieder besser kennenlernen und *gemeinsame Aufgaben* bearbeiten, steigt auch ihre Bereitschaft, sich füreinander verantwortlich zu fühlen und sich solidarisch zu verhalten. Entsprechende Prozesse gelten als Faktor für die *Resilienz* von Lehrpersonen, für ihre Fähigkeit, auch unter widrigen Umständen produktiv zu arbeiten und dabei gesund zu bleiben (Gu & Day, 2007). Die gemeinsame Übernahme von Verantwortung wird von regelmäßig kooperierenden Teams als Entlastung und damit als Gewinn betrachtet. Der Aufwand erscheint ihnen dann auch als gerechtfertigt.

5.4.5 Nachhaltige Personalentwicklung

Die Arbeit an Schul- und Unterrichtsqualität findet im Allgemeinen unter Bedingungen personeller Fluktuation statt. Mit jeder Lehrperson, die das Team verlässt, verliert das System eine Wissensträgerin. Jede neu zum Team stoßende Lehrperson bringt aber auch wieder neues Wissen und neue Erfahrungen mit. Soll professionelles Handeln an der Schule nachhaltig kohärent erfolgen, erfordert dies eine sorgfältige Einführung der neuen Teammitglieder, inklusive einer Offenheit auch gegenüber Innovationen, die durch Neue ins System eingebracht werden. Kollegiales Unterrichtscoaching eignet sich für entsprechende Begleitprozesse.

5.5 Die Zeitfrage

Eine Frage, die sich sowohl die Schulleitung als auch einzelne Lehrpersonen bei Überlegungen zur Einführung von Kollegialem Unterrichtscoaching zuerst stellen, ist die nach dem *Zeitaufwand*, im Speziellen nach der *Dauer von Vor- und Nachbesprechungen*. Erfahrungswerte zeigen, dass die gemeinsame Planung einer 45-minütigen Unterrichtssequenz durchschnittlich etwa 30–40 Minuten in Anspruch nimmt, die Nachbesprechung rund 20 Minuten. Eine erste Vorbesprechung wird vor allem dann etwas länger dauern, wenn sich die Tandempartner nicht schon gut kennen. Um den zeitlichen Aufwand einzuschätzen und auch in Grenzen zu halten, kann es helfen, die Dauer der Besprechungen im Voraus zu vereinbaren. Findet die Vorbesprechung vor dem Tag der gecoachten Stunde statt, ermöglicht dies, vor der Durchführung noch Anpassungen vorzunehmen (z.B. an Arbeitsmaterialien). Es kann aber auch entlastend sein, unmittelbar vor der Stunde zu coachen und in der zur Verfügung stehenden Zeit das Bestmögliche zu erreichen.

Nicht nur die Coachinggespräche beanspruchen *Zeit*, auch Unterrichtsbesuche (vgl. Kapitel 4.2. 3) lassen sich nicht immer auf die unterrichtsfreie Zeit der Coachs legen. Unsere explorative Studie (Kreis & Staub, 2009) und auch unsere weiteren Erfahrungen aus Fortbildungen zeigen, dass es sehr wichtig ist, die zeitlichen Rahmenbedingungen für die Coachings frühzeitig und transparent zu regeln. Günstig ist es, wenn an bereits etablierte Formen der kollegialen Zusammenarbeit an der Schule angeknüpft werden kann. Beispiele sind Teamteaching, etwa in Zusammenhang mit inklusivem Unterricht, Hospitationen oder kollegiales Feedback. Gibt es bereits etablierte Gefäße der Zusammenarbeit, lassen sich diese für Kollegiales Unterrichtscoaching umnutzen.

Schulleitungs- und Lehrpersonen fanden aber – auch über die Nutzung von Randstunden hinaus – schon oft kreative Lösungen, um Zeitfenster für Coachings zu ermöglichen. So unterrichteten beispielsweise Lehrpersonen zwei Klassen, um einer Kollegin Freiraum zu ermöglichen. In anderen Fällen übernahm eine Schulleitungs- oder Förderlehrperson stellvertretend Unterricht und nutzte dies zugleich, um neue Klassen kennenzulernen. Springerinnen oder Springer[2], die stellvertretend Unterricht übernehmen können, wären wünschenswert, stehen aber nicht an jeder Schule zur Verfügung.

5.6 Verbindlichkeit und Kontinuität

In einem Interview ein Jahr nach Abschluss der Pilotfortbildungen zum Kollegialen Unterrichtscoaching fragten wir Schulleitungspersonen, welche Schwierigkeiten sie bei der Umsetzung des Ansatzes angetroffen hätten und welche Optimierungsmöglichkeiten sie in einer erneuten Durchführung sähen. Als bedeutsam zeigten sich unter anderem folgende Themenbereiche (Kreis et al., 2008, S. 41f.):

Bei Lehrpersonen besteht eine gewisse *Tendenz zum Abhaken* von Themen (z.B. „Feedback haben wir schon mal gemacht."). Dies zu überwinden und einen *kontinuierlichen Prozess der Schul- und Unterrichtsentwicklung* in Gang zu setzen und aufrecht zu erhalten, ist eine anspruchsvolle Aufgabe von Leadership. Zu Beginn dieses Kapitels sind wir darauf eingegangen, wie der Tendenz

---

2 Als Springer werden im Schweizer Schulfeld Lehrpersonen bezeichnet, die angestellt sind, um kurzfristig und flexibel ihre ausfallenden Kolleginnen und Kollegen im Unterricht zu vertreten.

zum Abhaken mit einer längerfristigen und nachhaltigen Planung entgegengetreten werden kann.

Eine weitere Herausforderung bietet die schon erwähnte *personelle Fluktuation* an den Schulen. Sie bringt es mit sich, dass Neueinsteigerinnen und Neueinsteiger zu bereits laufenden Qualitätsprozessen hinzustoßen. Auf einen Aspekt in diesem Zusammenhang sind wir bereits im Abschnitt zu möglichen Zielen von Kollegialem Unterrichtscoaching, der *nachhaltigen Personalentwicklung,* eingegangen. An dieser Stelle geht es um die Frage, wie neues Personal in laufende Prozesse der Unterrichtsentwicklung mit Kollegialem Unterrichtscoaching aufgenommen werden kann. Wenn Prozesse der Qualitätsentwicklung von allen Lehrpersonen getragen werden sollen, ist eine diesbezüglich *gründliche Einführung* und *explizite Aufnahme* der neu Hinzugekommenen von hoher Bedeutung. An einigen Schulen, die über längere Zeit mit dem Ansatz arbeiten, übernimmt eine Lehrperson die Aufgabe, neue Kolleginnen und Kollegen ins Kollegiale Unterrichtscoaching einzuführen. Aufgrund der Beliebtheit und Verbreitung, die Fachspezifisches und Kollegiales Unterrichtscoaching in vielen Bildungsregionen in den letzten Jahren erfahren hat, ist dazu oft gar kein großer Aufwand nötig. So erleben etwa Studierende verschiedener Pädagogischer Hochschulen in der Schweiz, aber auch z.B. der Universitäten in Berlin oder Osnabrück bereits in der ersten und zweiten Phase der Ausbildung Coaching nach diesem Ansatz. Treten sie später in den Schuldienst ein, ist er ihnen bereits vertraut. Nähere Ausführungen zum Fachspezifischen und Kollegialen Unterrichtscoaching in der Grundausbildung von Lehrpersonen finden sich in Kapitel 6.3.

5.7 Qualitätssicherung oder Qualitätsentwicklung?

Wie bereits mehrfach angesprochen, ist eine vertrauensvolle Beziehung zwischen Coach und Coachee Voraussetzung für offene Gespräche auch über Unsicherheiten und Schwierigkeiten. Schulleitungspersonen stellen uns ab und zu die Frage, ob sie als Vorgesetzte die Lehrpersonen ihres Teams selbst coachen könnten. Wir erachten dies als möglich, raten jedoch eher davon ab. Die Leitungsfunktion ist in den meisten Fällen auch mit Bewertungs- und Beurteilungsaufgaben verbunden. Eine coachende Schulleitungsperson ist daher kein gleichrangiger Peer. Unterrichtsbesuche und Gespräche über den Unterricht durch Führungspersonen sind damit für die Lehrpersonen tendenziell Leistungssituationen, in denen sie verständlicherweise so gut wie möglich dastehen wollen. Dies geht – auch bei einer an und für sich guten und vertrauensvollen Beziehung – auf Kosten der Offenheit im Gespräch. Kollegiales Unterrichtscoaching soll deshalb möglichst zwischen formal-hierarchisch Gleichrangigen stattfinden, auf jeden Fall jedoch klar von laufbahn- oder gar lohnwirksamen Bewertungssituationen abgegrenzt werden.

5.8 Checkliste für die Einführung von Kollegialem Unterrichtscoaching für Schulleitungspersonen

Die folgende Checkliste soll Schulleitungspersonen in der Einführung von Kollegialem Unterrichtscoaching unterstützen. Sie führt die Schritte zusammenfassend auf:

1. Feststellen des Bedarfs für Unterrichtsentwicklung und Identifikation unterrichtsbezogener Entwicklungsziele (für das gesamte Team oder individuell pro Lehrperson)
2. Information des Teams über den Ansatz und über mögliche Rahmenbedingungen (Häufigkeit, Zeitpunkt etc.)
3. Partizipative und verbindliche Entscheidungsfindung für die Einführung von Kollegialem Unterrichtscoaching, eventuell unter Berücksichtigung alternativer Ansätze (z.B. Hospitation, Feedback, videobasierte Unterrichtsentwicklung)
4. Klärung und Sicherung kooperationsförderlicher Rahmenbedingungen inklusive Zeitressourcen
5. Sicherstellen von Verbindlichkeit und Nachhaltigkeit des Prozesses (z.B. Selbstkontrolle über die Durchführung der Coachings; formative Selbstevaluation mit Erhebung vor und nach der Einführung von Kollegialem Unterrichtscoaching, Feedback- und Reflexionsrunden im Team).

6 Beispiele der Implementierung und Anwendung

Die folgenden Berichte aus der Praxis geben Einblick in das Vorgehen und in Erfahrungen bei der Implementierung von Kollegialem Unterrichtscoaching in verschiedenen Kontexten. Die ersten drei Beispiele (Kapitel 6.1) zeigen Anwendungen in schulinternen Fortbildungen an Volksschulen (Primar- und Sekundarstufe I) sowie an einem Gymnasium. Ein weiteres Beispiel zeigt, wie Kollegiales Unterrichtscoaching zur Ergänzung und Vertiefung von fachdidaktisch ausgerichteten Fortbildungen eingesetzt wird, hier eingebettet in die Weiterqualifizierung von Lehrpersonen im Projekt „Mathematik anders machen" in Nordrhein-Westfalen (Kapitel 6.2). Im dritten Teil (Kapitel 6.3) zeigen wir auf, wie Kollegiales Unterrichtscoaching in der Grundausbildung von Lehrpersonen eingesetzt werden kann.

6.1 Schulinterne Unterrichtsentwicklung mit Kollegialem Unterrichtscoaching

Die folgenden Beispiele zeigen die Anwendung des Ansatzes in Initiativen zur Schulentwicklung an Einzelschulen. Die Coachings werden an der jeweiligen Schule zwischen Lehrpersonen im Peersetting durchgeführt. Wie dies an einer Schule üblich ist, bringen die Lehrpersonen des Teams bezüglich Unterrichtsfächern, Unterrichtserfahrung, Engagement in weiteren Kontexten wie der praxissituierten Ausbildung (z.B. Praktika, Referendariat) sowie ihrer Offenheit gegenüber Entwicklung heterogene Voraussetzungen mit. Die beschriebenen Schulen verfolgten meist einen spezifischen Entwicklungsschwerpunkt wie etwa die vermehrte Berücksichtigung *individueller Voraussetzungen von Lernenden*, *problembasierten Mathematikunterricht* oder Methoden zur *Anregung der schriftlichen Textproduktion im Deutschunterricht*. Entsprechende Impulse zur fachdidaktischen Vertiefung erfolgten an den Schulen parallel dazu oder im Anschluss an erste Erfahrungen mit Kollegialem Unterrichtscoaching.

6.1.1 Erste Erfahrungen mit Kollegialem Unterrichtscoaching an der Volksschule Berg

Die Volksschule Berg (Kanton Thurgau, Schweiz) kann als Ursprungsort der Entwicklung des Kollegialen Unterrichtscoachings bezeichnet werden. Ein dort tätiger Lehrer, der auch als Praxislehrer (Mentor) für die Pädagogische

Hochschule Thurgau wirkt, lernte als Teilnehmer unserer Interventionsstudie mit Praxislehrpersonen (Kreis & Staub, 2011) das Fachspezifische Unterrichtscoaching als Expertencoaching kennen. Während dieser Weiterbildungsintervention äußerten mehrere Teilnehmerinnen und Teilnehmer den Wunsch, den von ihnen als produktiv erlebten Ansatz auch an der eigenen Schule für die kollegiale Unterrichtsentwicklung einzusetzen. Der erwähnte Lehrer startete mit großem Engagement und umgehend, das war im Jahr 2005, erste Versuche im Kollegium. Die Erfahrungen waren positiv und das Kollegium interessiert.

Günstig wirkte sich wohl auf diese erste regionale Verbreitung des Ansatzes aus, dass zu dieser Zeit im Kanton Thurgau Schulleitungen neu eingeführt wurden. Dabei waren die Schulen verpflichtet, auch ein Projekt zur Unterrichtsentwicklung durchzuführen. Der Schulleiter in Berg griff zur Umsetzung dieser Vorgabe die Initiative des Lehrers auf. Die Lehrpersonen des Kollegiums konnten sodann aus drei Möglichkeiten eine auswählen, mit der sie während der Projektdauer verbindlich ihren Unterricht weiter entwickeln würden. Neben *kollegialer Hospitation* und *Schülerfeedback* stand *Kollegiales Unterrichtscoaching* zur Wahl. Eine erste Gruppe von Primarlehrpersonen um den initiierenden Lehrer startete daraufhin mit Coachings.

Zu diesem Zeitpunkt war dies ein echtes Experiment. Mit Hospitation hatten zwar alle Lehrpersonen der Schule schon Erfahrung. Mit einer gleichrangigen Kollegin oder einem gleichrangigen Kollegen gemeinsam Unterricht zu planen und sogar gemeinsam in der Coachingsituation zu unterrichten, war in dieser Umgebung damals jedoch neu. Die Erfahrungen fielen dennoch erfreulich positiv aus. Die Gruppe wurde grösser und der Ansatz spielt an der Schule bis heute eine Rolle; dies nach wie vor als eine von verschiedenen Optionen zur Unterrichtsentwicklung. Als fruchtbar erlebt wurden Coachings insbesondere auch von neu zum Kollegium stoßenden Lehrpersonen. Die Kollegialen Unterrichtscoachings erleichterten ihnen die Einbindung in laufende Schulentwicklungsprojekte und den Anschluss an die Unterrichtskultur der Schule.

In Berg fand nie eine spezielle Fortbildung zu Kollegialem Unterrichtscoaching durch Externe statt. Die notwendige Kompetenz gelangte über den mit unserer Forschungsgruppe und der Ausbildungsinstitution kooperierenden Lehrer in die Schule. Unterstützt durch einen weitsichtigen Schulleiter, der diese Einzelinitiative unterstützte und das ganze Team involvierte, wurde so ein direkter Transfer aus einem Forschungsprojekt in die schulische Praxis ermöglicht.

6.1.2 Pilotstudie über Kollegiales Unterrichtscoaching zwischen erfahrenen Lehrpersonen, Primar- und Sekundarstufe I

Die ersten positiven Erfahrungen in Berg, die Nachfrage weiterer Teilnehmerinnen der Interventionsstudie wie auch von Schulleitungspersonen bewogen uns dazu, weiter zu erkunden, ob und wie sich Kollegiales Unterrichtscoaching in Kollegien realisieren lässt. Ab 2006 führten wir in der Folge mit zwei Primarschulen sowie einer Volksschule (Primar- und Sekundarstufe I) eine explorative Interventionsstudie durch (Kreis et al., 2008; Kreis & Staub, 2009). Die Erfahrungen aus dieser Pilotstudie flossen in künftige Fortbildungen mit Teams ein. In einer Publikation (Kreis & Staub, 2013) stellten wir interessierten Schulleitungs- und Lehrpersonen 2013 anwendungsorientiertes Material zur Verfügung, in das all unsere damaligen Erfahrungen und Erkenntnisse eingeflossen waren. Damit kann Kollegiales Unterrichtscoaching auch ohne Einbezug externer Fortbildner und damit zusammenhängenden Kosten eingeführt werden. Mit diesem Buch erweitern und aktualisieren wir dieses Angebot. Im Folgenden beschreiben wir zusammenfassend die schulinterne Fortbildung.

In Vorgesprächen handelten wir mit den Schulleitungspersonen, Qualitätsbeauftragten und mit Steuergruppen aus, welche pädagogisch-didaktischen Ziele an der jeweiligen Schule angestrebt werden sollten und auf welchen fachdidaktischen Inhalt – Mathematik oder Deutsch – der Schwerpunkt gelegt werden sollte. Die Weiterbildung bestand in drei über ein Semester verteilten Präsenzveranstaltungen von insgesamt 2,5 Tagen Dauer (vgl. Abbildung 6).

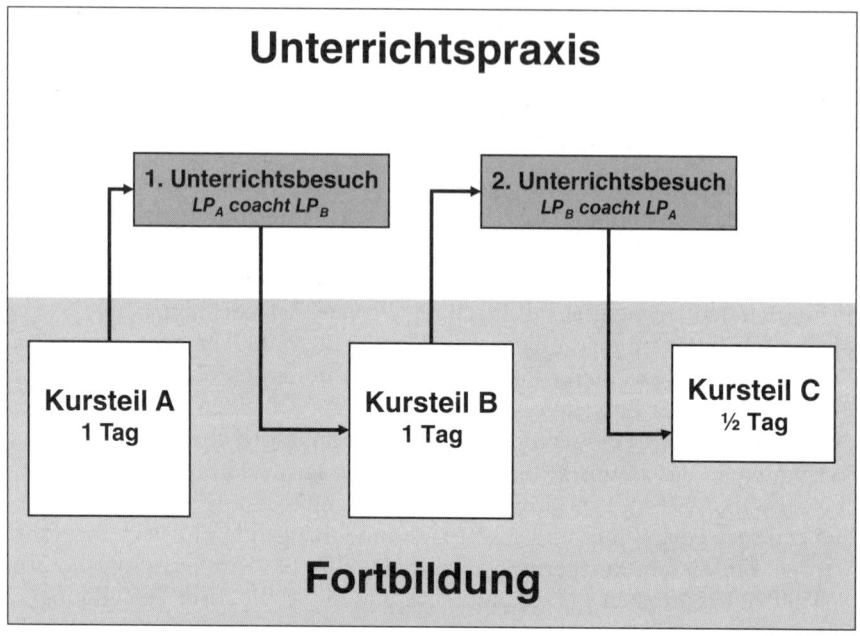

Abb. 5: *Präsenzveranstaltungen und gegenseitige Unterrichtsbesuche als Elemente der schulinternen Fortbildung zu Kollegialem Unterrichtscoaching*

An den Präsenztagen der Fortbildung fanden Impulsreferate, Übungen und Diskussionen zu folgenden Themen statt:

- Einführung ins Kollegiale Unterrichtscoaching mit erster Übung einer Vorbesprechung und der Reflexion dieser Erfahrung (1. Tag)
- Gesprächsführung zur dialogisch-kokonstruktiven Planung und Reflexion von Unterricht (1.-3. Tag)
- Orientierungsinstrumente mit Kriterien für lernwirksamen Unterricht (1. und 2. Tag)
- Kriterien für die Bildung von Coachingtandems
- Fachdidaktische Impulse zu Mathematik oder Deutsch
- Individuelle fachdidaktische Beratung

Am ersten Kurstag bildeten die Teilnehmerinnen und Teilnehmer Lerntandems. In den sechs bis acht Wochen zwischen dem ersten und zweiten Kurstag erprobten sie im Tandem einen kompletten Zyklus eines Kollegialen Unterrichtscoachings, bestehend aus einem gemeinsamen Planungsgespräch, gecoachtem Unterricht sowie der gemeinsamen reflexiven Nachbesprechung (vgl. Kapitel 4.2). Am zweiten Kurstag reflektierten wir diese ersten Erfahrungen im gesamten Team und diskutierten offene Fragen und Highlights, aber auch Schwierigkeiten und Vorbehalte. Detaillierte Angaben zum Vorgehen und den Ergebnissen dieser Intervention finden sich im Schlussbericht zur Pilotstudie (Kreis et al., 2008).

6.1.3 Schulinterne Fortbildung zu Coaching zwischen Fachlehrpersonen am Gymnasium

Das nächste Beispiel beschreibt die Einführung von Kollegialem Unterrichtscoaching als Initiative zur Unterrichtsentwicklung am Gymnasium Liestal (Kanton Baselland, Schweiz). Dieser Erfahrungsbericht veranschaulicht, wie der Ansatz auf der gymnasialen Stufe wahrgenommen wird und sich fruchtbar auch mit der ausgeprägten Fachorientierung der Sekundarstufe vereinbaren lässt.

An der Schule stand zu diesem Zeitpunkt der Entwicklungsschwerpunkt der *fachlichen Zusammenarbeit* im Fokus. Den insgesamt rund 150 Lehrpersonen der Schule stand ein Katalog mit vier Themenfeldern zur Wahl eines persönlichen Entwicklungsschwerpunktes zur Verfügung (*gemeinsames Prüfen, gemeinsames Vorbereiten und Planen von Unterricht, gemeinsame Durchführung von Unterricht* sowie *kollegiale Hospitation*). Eine Gruppe von 13 Fachlehrpersonen nahm freiwillig das Angebot einer Fortbildung zu Kollegialem Unterrichtscoaching wahr. Im August 2014 und im Januar 2015 fand an der Schule in der Folge je eine halbtägige schulinterne Fortbildung zur Einführung von Kollegialem Unterrichtscoaching statt. Die Gruppe war bezüglich der Unterrichtsfächer breit zusammengesetzt (Deutsch, Englisch, Französisch, Latein, Griechisch, Biologie, Geschichte, Mathematik, Wirtschaft und Recht, bildnerisches Gestalten). An der Fortbildung nahmen zusätzlich sechs Lehrpersonen eines weiteren Gymnasiums aus einer nahe gelegenen Stadt eines Nachbarkantons teil. Die beteiligten Lehrpersonen starteten mit ganz unterschiedlichen Vorerfahrungen in die Fortbildung: Einige Coachingtandems setzten sich aus Lehrpersonen mit langjähriger Unterrichtserfahrung zusammen, einige Teilnehmende waren seit Jahren auch als Mentorin oder Mentor in praxissituierten

Studienmodulen der Ausbildung involviert, andere wiederum unterrichteten erst seit Kurzem.

Ziel dieser Initiative war es, die fachspezifische unterrichtsbezogene Zusammenarbeit zwischen den Lehrpersonen zu intensivieren. Es fanden sowohl Coachings zwischen Lehrpersonen statt, die dasselbe Fach unterrichteten, als auch in Tandems mit interdisziplinärer Zusammensetzung. In der zweiteiligen Fortbildung kamen nebst Impulsreferaten, ersten Versuchen mit Coaching und intensiven Phasen der Reflexion und Diskussion über Aspekte des Ansatzes auch Videoaufnahmen eigener Coachingvorbesprechungen zum Einsatz. Die Teilnehmerinnen und Teilnehmer wurden gebeten, Coachings, die sie zwischen den zwei Fortbildungstagen durchführen sollten, mit Video aufzuzeichnen. Am zweiten Tag stellten sie dann je einen acht- bis zehnminütigen Ausschnitt vor. Die Sequenz sollte eine für sie besonders gelungene respektive herausfordernde Phase eines Coachinggesprächs zeigen. Anfänglich bestand eine gewisse Zurückhaltung gegenüber dem Auftrag, sich videografieren zu lassen und einen so tiefen Einblick in das eigene Tun zu gewähren. Die Lehrpersonen überwanden jedoch ihre Zurückhaltung und erlebten schließlich gerade die Arbeit mit eigenen Videoaufnahmen als besonders erhellend für die Reflexion und Optimierung ihres Gesprächshandelns im Coaching.

Die freiwillig teilnehmenden Lehrpersonen schätzten das Kollegiale Unterrichtscoaching durchwegs als positiv und als sehr anregend und fruchtbar für die eigene Unterrichtstätigkeit ein. Die für Schulentwicklung verantwortliche Konrektorin des Gymnasiums kommt zum Schluss: „Ich könnte nicht sagen, dass diese Initiative den Unterricht an der ganzen Schule grundlegend verändert hätte. Dafür war die involvierte Gruppe zu klein. Aber diejenigen, die beteiligt waren, führen dies fort, da bin ich mir sicher." Eine günstige Voraussetzung für diese positive Erfahrung, und damit auch für eine erfolgreiche Einführung von Kollegialem Unterrichtscoaching war nach Einschätzung der Konrektorin, dass an der Schule bereits eine Kultur der „offenen Türen" bestand. Dass an der Schule im Vorfeld bereits seit rund 13 Jahren kontinuierlich Projekte zur Schul- und Unterrichtsentwicklung realisiert wurden und dass es auch früher schon ähnliche Weiterbildungen gegeben hatte, bereitete einen fruchtbaren Boden. Außerdem waren die teilnehmenden Lehrpersonen interessiert und standen der Idee offen gegenüber, die Qualität ihres Unterrichts in Zusammenarbeit mit Kolleginnen und Kollegen zu hinterfragen und weiter zu entwickeln. Für die erfolgreiche Umsetzung bedeutsam war zudem, dass sich die Lehrpersonen *autonom* für die Erprobung und Einführung von Kollegialem Unterrichtscoaching entscheiden konnten.

6.2 Weiterqualifizierung von Lehrpersonen zu einem fachdidaktischen Schwerpunkt

Kollegiales Unterrichtscoaching bietet sehr gute Möglichkeiten, um den nachhaltigen Transfer von Inhalten aus unterrichtsbezogenen Fortbildungen insbesondere zu fachdidaktischen Inhalten in die eigene Praxis zu unterstützen (vgl. Kapitel 2.5).

Als Beispiel beschreiben wir eine Einführung zum Kollegialen Unterrichtscoaching im Rahmen des Projekts „Mathematik anders machen" in Nordrhein-Westfalen. Zentrale Idee dieses Projekts war es, bestehende lokale oder regionale Angebote für Lehrpersonenfortbildungen zu verbreiten und neu zu entwickeln. Dies erfolgte in Zusammenarbeit zwischen Lehrpersonen und Wissenschaftlerinnen und Wissenschaftlern. Fortbildungsangebote und Materialien zu verschiedenen Themen der Mathematik wurden online veröffentlicht.[3]

Als Teil dieses Projektes bildeten sich interessierte und engagierte Lehrpersonen in Mathematikdidaktik weiter. Danach wurden sie als Multiplikatoren an Schulen aktiv. In Ergänzung zur fachdidaktischen Qualifizierung führten wir die Multiplikatoren 2011 ins Kollegiale Unterrichtscoaching ein. Dafür verwendeten wir ein ähnliches Setting, wie wir dieses im letzten Kapitel für die schulinterne Fortbildung beschrieben. Die Fortbildung wurde an zwei Tagen im Abstand von einem halben Jahr durchgeführt.

In aktuell durchgeführten Fortbildungen planen wir den Zeitraum zwischen dem ersten und zweiten Tag wenn möglich kürzer. Die Teilnehmerinnen und Teilnehmer benötigen lediglich ausreichend Zeit für eine Erprobung. Ist der zeitliche Abstand zu groß, steigt das Risiko, dass die neuen Anregungen zur kollegialen Kooperation im Alltagsgeschäft versanden.

---

3 https://www.telekom-stiftung.de/mathe-sicher-koennen

6.3 Berufspraktische Ausbildung von Lehrpersonen

Wie in Kapitel 3.6 beschrieben, wurde das Fachspezifische Unterrichtscoaching als *Expertencoaching* in den USA (Matsumura, Garnier & Spybrook, 2012; Matsumura et al., 2013) und in der Schweiz für die Qualifizierung von Praxislehrpersonen erprobt (Futter & Staub, 2008; Kreis, 2012; Kreis & Staub, 2011). Als Praxislehrpersonen bezeichnen wir Lehrpersonen, die Studierende während Praktika in ihren Klassen in ihrem Lernen unterstützen.

Im Kontext der Grundausbildung von Lehrpersonen erprobten wir Kollegiales Unterrichtscoaching in der bi-nationalen Interventionsstudie KUBeX (Kreis et al., in prep.; Schnebel, Kreis & Musow, akzeptiert). Im Fokus von KUBeX stand die Untersuchung und Förderung unterrichtsbezogenen Professionshandelns zukünftiger Lehrpersonen der Sekundarstufe I hinsichtlich *kooperativer Planung von Biologieunterricht* (N = 119, Lehramt Biologie Sek I, Pädagogische Hochschulen Zürich, St. Gallen, Weingarten, Thurgau). Die Studie basiert auf der Annahme, dass wechselseitiges Coaching zwischen Studierenden zu deren Kompetenzentwicklung auch in komplexen Bereichen wie der naturwissenschaftlichen Erkenntnisgewinnung beitragen kann. In einem quasi-experimentellen Untersuchungsdesign wurde deshalb die Wirkung einer Intervention zu Kollegialem Unterrichtscoaching auf verschiedene Facetten der Kompetenzen der Studierenden überprüft.

Vorab erhielten alle Studierenden einen *fachdidaktischen Input* zur naturwissenschaftlichen Erkenntnisgewinnung.

Die *Intervention zur Qualifizierung der Studierenden in Kollegialem Unterrichtscoaching* erfolgte im Rahmen eines regulären Seminars der universitären Ausbildung. Sie umfasste die Einführung und ein Training zu Kollegialem Unterrichtscoaching während zweimal 90 Minuten in zwei aufeinanderfolgenden Wochen. *Inhaltliche Schwerpunkte* waren dabei die Vermittlung des Gesamtkonzepts, Input und Übung zum *Gesprächshandeln im Coaching* (z.B. offene Fragen stellen, Hinweise geben, Verständnis sichern, etwas positiv bewerten) sowie eine Einführung der *Kernperspektiven und Leitfragen*, wie sie in Kapitel 4.1.3 als Orientierungsrahmen zur inhaltlichen Gestaltung der gecoachten Planungsgespräche beschrieben werden. Das Training umfasste auch die videobasierte Reflexion von Gesprächsausschnitten aus authentischen Planungsgesprächen zwischen Studierenden. Die teilnehmenden Studierenden erprobten in der Intervention sowohl die Rolle als Coach wie auch als Coachee (Kreis et al., in Vorb..; Schnebel et al., akzeptiert). Das in Kapitel 7 vorgestellte Videobeispiel ist Teil des Datensatzes von KUBeX.

Die Studie zeigte unter anderem, dass Studierende der Interventionsgruppe ihre Planung erwartungsgemäß signifikant länger besprechen und die Unterrichtsplanung signifikant länger kokonstruktiv elaborieren als jene der Kontrollgruppe (Kreis et al., in Vorb.). Durch Kollegiales Unterrichtscoaching eröffnen sich somit neue Lerngelegenheiten. Eine innovative Kombination von *Fachspezifischem Unterrichtscoaching* (Expertensetting) durch Dozierende der Universität und der Studienseminare sowie durch schulbasierte Mentoren mit *Kollegialem Unterrichtscoaching* (Peersetting) zwischen Studierenden wird derzeit etwa an der Universität Osnabrück sowie in Berlin in einer gemeinsamen Initiative der Humboldt Universität, der Freien Universität, der Technischen Universität und der Hochschule der Künste im Rahmen des Praxissemesters angewendet (Achour, 2016; Freie Universität Berlin, 2016; Ophardt, 2015).

7 Videobeispiele aus Vorbesprechungen gemäß Kollegialem Unterrichtscoaching

Die im Folgenden erläuterten Videoausschnitte aus Besprechungen gemäß Kollegialem Unterrichtscoaching sollen die in Kapitel 4.1.2 dargelegten Prinzipien der dialogisch kokonstruktiven Kommunikation und das diesbezügliche Gesprächshandeln exemplarisch veranschaulichen.

7.1 Authentische Beispiele bedingen einen wertschätzenden Umgang

Die Videoclips zeigen *Ausschnitte aus echten, nicht inszenierten Besprechungen*, die uns von Lehrpersonen und Studierenden zur Verfügung gestellt wurden. Uns ist es ein Anliegen, authentisches Material zu zeigen, das Einblick in reale Besprechungen von echten Lehrpersonen ermöglicht, die den Ansatz umsetzen. Dabei handelt es sich um Umsetzungen von unterschiedlich erfahrenen Lehrpersonen, die zum überwiegenden Teil erst wenig Erfahrung im kollegialen Unterrichtscoaching haben. Es handelt sich somit um reale Lernbeispiele, welche auch Anlässe für konstruktive Diskussionen von weiteren Optimierungen geben können. Dazu ist uns die Authentizität wichtiger als die Präsentation idealisierter Beispiele.

7.2 Verwendung der Videobeispiele

Die online abrufbaren Videoausschnitte (s. Einleitung) können zur Illustration der Gesprächshandlungen gemäß Kollegialem Unterrichtscoaching verwendet werden. Die nachfolgenden Informationen zum Kontext der Beispiele helfen die Ausschnitte zu verstehen. Für eine gezielte Analyse und Reflexion der Beispiele im Selbststudium oder auch im Rahmen einer Fortbildung empfehlen wir die Verwendung des in den Arbeitsmaterialien aufgeführten *Beobachtungsbogens* (vgl. Kapitel 9.4 und das Arbeitsmaterial im Downloadbereich). Dieser unterstützt die Fokussierung auf die für den Ansatz relevanten Gesprächsbeiträge bei der Betrachtung der Beispielclips.

7.3 Erläuterungen zu den Videobeispielen und deren Kontexten

Die folgende Tabelle 1 gibt einen Überblick zu den Videobeispielen aus Besprechungen gemäß dem Kollegialen Unterrichtscoaching. Die Beteiligten sind hierarchisch formal gleichgestellt. Sie verfügen über unterschiedlich viel Erfahrung als Lehrperson. Mit Ausnahme von Beispiel 3 unterrichten die Coachs das Fach, zu dem sie coachen, auch selbst.

Beispiel	Fach, Thema	Stufe	Beteiligte	Seite
1)	Latein Textverständnis beim Übersetzen	Integrierte Sekundarschule, 8. Klasse	erfahrene Lehrpersonen	51
2)	Deutsch Textproduktion	Grundstufe Förderschule	erfahrene Förderlehrpersonen	52
3)	Mathematik Grundoperationen festigen	Gymnasiale Sekundarschule, 7. Klasse	erfahrene Lehrpersonen	53
4)	Französisch Einführung Futur II	Gymnasiale Sekundarschule, 9. Klasse	Junglehr-personen	54
5)	Biologie Experimentieren, visuelle Wahrnehmung	Sekundarschule, 8. Klasse	Lehramts-studierende	55

Tabelle 2: Die Videobeispiele im Überblick

In den folgenden Teilkapiteln werden die Videobeispiele kommentiert.

7.3.1 Vorbesprechung einer Stunde zum Textverständnis beim Übersetzen in Latein zwischen erfahrenen Lehrpersonen (Sekundarstufe)

Dieses Beispiel zeigt einen Ausschnitt aus der Vorbesprechung einer Lateinstunde in einer 8. Gymnasialklasse zwischen zwei erfahrenen Lehrpersonen. Beide sind neben ihrer Lehrtätigkeit an einer Schule in der Ausbildung von Lehrpersonen tätig. Die Coach ist als Fachberaterin im Praxissemester (1. Ausbildungsphase) der Humboldt Universität zu Berlin engagiert sowie in der zweiten Ausbildungsphase als Fachseminarleiterin für Latein. Die Coachee ist Lehrerin für Latein und Deutsch. Sie beteiligt sich zudem als wissenschaftliche Mitarbeiterin der Humboldt Universität zu Berlin an der Durchführung von Planungsseminaren und der Betreuung von Studierenden im Praxissemester.

In der geplanten Unterrichtsstunde steht die *Förderung von Textverständnis im Lateinunterricht* in einer 8. Klasse an einer integrierten Sekundarschule im Mittelpunkt. Die Coachee arbeitet dabei mit einem Text zum „Raub der Proserpina"[4] aus einem Lehrbuch (Belde et al., 2014). Die Coachee möchte ein für sie neues Vorgehen beim Übersetzen dieses Textes aus der Mythologie erproben. Die Coach hingegen nutzte dieses Vorgehen bereits mehrfach selbst im Unterricht und verfügt somit über Vorerfahrungen. Das Beispiel ist thematisch auch für Lehrpersonen für andere Fremdsprachen sowie andere Stufen von Interesse.

Die Besprechung dauerte insgesamt 47 Minuten. Die Coach (auf dem Video rechts zu sehen) steuert den Gesprächsverlauf vor allem mittels Fragen und durch die Paraphrasierung ihres Verständnisses der Ausführungen der Coachee. Zudem bringt sie eigene Vorschläge ein (vgl. Kapitel 4.1.2).

Clip 1: Fragestellung des Coachings und Verlauf der geplanten Stunde

Der Clip (Dauer 4:06 Minuten) zeigt den Anfang und eine angeschnittene mittlere Sequenz des Planungsgesprächs. Coach und Coachee bestimmen vorerst gemeinsam, woran die Coachee arbeiten möchte. Im Mittelpunkt steht zuerst die Frage nach möglichen Ursachen für Schwierigkeiten der Schülerinnen und Schüler mit dem Textverständnis bei Übersetzungen (vgl. Kernperspektiven, Kapitel 4.1.3). Als nächstes suchen die beiden nach Möglichkeiten, wie dieser Schwierigkeit begegnet werden könnte.

Nach einem Schnitt folgt eine Sequenz aus der Mitte des Gesprächs, in der sich die beiden auf eine neue Version im Ablauf einigen: Die Coachee ließ bisher immer zuerst den Text übersetzen und widmete sich danach dem Textverständnis. Als Konsequenz des vorher besprochenen methodischen Vorgehens beschließt sie nun, diese Reihenfolge umzudrehen. Sie will zuerst mit Textbau-

---

4 Proserpina (in der griechischen Mythologie Persephone) ist die Tochter der Ceres (Göttin der Feldfrüchte, in der griechischen Mythologie Demeter). Sie wurde auf Sizilien vom Unterweltgott Pluto entführt. Aus Trauer der Mutter blieben die Felder ohne Früchte, worauf Jupiter für einen Kompromiss sorgte: Proserpina verbringt ein Drittel des Jahres auf Erden, den Rest im Hades, der Unterwelt (Carter, 1909).

steinen und Bildern am Verständnis arbeiten und erst danach das Vokabular aufgreifen.

Online unter www.schulverwaltung.de/freischalten

7.3.2 Vorbesprechung von Unterricht über Textproduktion in Deutsch zwischen zwei Förderlehrpersonen (Grundschule)

Dieses Beispiel zeigt einen Ausschnitt aus dem Planungsgespräch zwischen zwei Förderlehrpersonen[5] an einer Förderschule für geistige Entwicklung in Berlin. Sowohl Coachee als auch Coach sind erfahrene Förderlehrpersonen. Die Coach kennt sowohl den Unterrichtsinhalt als auch die Zielgruppe der Lernenden. Sie ist zudem an der Humboldt-Universität zu Berlin als Fachberaterin in der Ausbildung von Förderlehrpersonen engagiert. Coach und Coachee sind miteinander vertraut, sie vermitteln einen entspannten Eindruck gegenseitiger Wertschätzung. Das Planungsgespräch findet in privater Umgebung zu Hause statt. Das Thema dieses Ausschnittes eignet sich als Beispiel über Förderunterricht hinaus auch für den Unterricht an Grundschulen sowie für inklusiven Unterricht.

Im geplanten Unterricht soll mit den Kindern als Teil eines jahrgangsübergreifenden Literaturprojekts ein Steckbrief für *Olchis*[6] auf unterschiedlichen Abstraktionsniveaus verfasst werden. Im Fokus der Stunde stehen somit die *Textproduktion* und die *Beschreibung von Charakteren*. Die Besprechung dauerte insgesamt zehn Minuten.

Clip 2: Stärkung des Situationsbezugs einer Aufgabenstellung

Die Beispielsequenz (Dauer 4:09 Minuten) stammt mitten aus der Besprechung. Zuvor schilderte die Coachee den geplanten Verlauf der Stunde. Die Coach (im Bild rechts zu sehen) bringt zu Beginn des Clips zum Ausdruck, dass sie sich eine die Lernenden stärker motivierende Einbettung der Aufgabe wünschen würde. Im Verlauf des Ausschnittes gelangen die beiden im Dialog zu einer veränderten Aufgabenstellung, die diesem Anspruch gerecht wird. Sie planen gemeinsam eine sinnstiftende Lerngelegenheit: Die Olchis sollen nicht einfach so, sondern für die Eltern beschrieben werden. Letztere hatten bereits

---

5 In der Schweiz entspricht diese Bezeichnung jener der schulischen Sonder- oder Heilpädagogin.
6 Olchis sind Figuren, liebenswerte Monster, aus einer beliebten Reihe von Bilder- und Erstlesebüchern des Autors Erhard Dietl. Hier wird das Buch „Die Olchis sind da" eingesetzt.

nachgefragt, was denn ein Olchi sei. Diese Kokonstruktion entsteht durch eine von der Coach vorgeschlagene Idee, die von der Coache aufgegriffen und leicht transformiert wird.

Online unter www.schulverwaltung.de/freischalten

7.3.3 Vor- und Nachbesprechung zu Grundrechenarten in Mathematik zwischen erfahrenen Lehrpersonen (Sekundarstufe)

Der folgende Ausschnitt stammt aus einer Nachbesprechung mit direkt anschließender Vorbesprechung zwischen zwei Lehrpersonen an einem Gymnasium in Baden-Württemberg. Im Fokus stehen zwei Doppelstunden Mathematik mit einer 7. Klasse. In einem individualisierenden Setting werden mit Aufgaben unterschiedlicher Schwierigkeitsgrade die Grundrechenarten geübt.

Beide Lehrpersonen verfügen über langjährige Unterrichtserfahrung auf der Gymnasialstufe. Die Coach ist zudem Schulleiterin, die Coachee deren Stellvertreterin in dieser Funktion. Die coachende Kollegin unterrichtet selbst Französisch und coacht daher fachfremd. Wie das Beispiel zeigt sind die diskutierten Themen allgemein-didaktischer als in den anderen Beispielen. Spezifisch mathematische und fachdidaktische Themen werden kaum angesprochen. Dies zeigt eine Situation, wie sie an Schulen häufig auftritt, wenn aus organisatorischen Gründen Tandems auch fachübergreifend gebildet werden müssen. In Fortbildungen erhalten wir allerdings meist die Rückmeldung, dass auch Coachings zwischen fachfremden Tandempartnerinnen und -partnern als sehr anregend erlebt werden.

Im ersten Teil der Besprechung sprechen die beiden über eine vorhergehende Mathematikstunde, die sie ebenfalls bereits gemäß Kollegialem Unterrichtscoaching geplant hatten. Im direkt anschließenden zweiten Teil planen sie die Folgestunde. Die gewählten Ausschnitte zeigen zwei Sequenzen aus der Nachbesprechung der vergangenen Stunde sowie eine Sequenz der gecoachten Planung der darauf folgenden Doppelstunde. Die gesamte Besprechung dauerte rund 35 Minuten.

Kollegiales Unterrichtscoaching

Clip 3.1 Reflexion der Gruppenarbeitsphase mit Niveaudifferenzierung (Nachbesprechung)

Im ersten Ausschnitt (Dauer 2:03 Minuten) besprechen Coach und Coachee, wie die Gruppenarbeitsphase verlief, in der die Schülerinnen und Schüler Aufgaben bearbeiteten, deren Schwierigkeitsgrad sie selbst wählen konnten.

Online unter www.schulverwaltung.de/freischalten

Clip 3.2 Auftragserteilung

Der zweite Ausschnitt (Dauer 1:29 Minuten) schließt direkt an den ersten an. Thema ist hier die Auftragserteilung. Die Coach bringt kritisch zum Ausdruck, diese Unterrichtssequenz habe viel Zeit in Anspruch genommen. Die Coachee schlägt daraufhin vor, die Auftragserteilung zukünftig in die schriftliche Aufgabenformulierung zu integrieren.

Online unter www.schulverwaltung.de/freischalten

Clip 3.3 Sozialformen in der differenzierenden Aufgabenbearbeitung (Vorbesprechung)

Im dritten Ausschnitt (Dauer 5:47 Minuten) geht es um die Planung der nächsten Doppelstunde. Die Coachee beschreibt zuerst, dass sie einen Trainingszirkel zur Anwendung der Grundrechenarten geplant hat. Es folgt eine Diskussion zur Frage, ob die Schülerinnen und Schüler individuell oder auch zusammen arbeiten sollen. Gemeinsam suchen Coach und Coachee nach einer sinnvollen Organisation der Sozialformen.

Online unter www.schulverwaltung.de/freischalten

7.3.4 Vorbesprechung zu Futur II in Französisch zwischen zwei neueinsteigenden Lehrpersonen (Sekundarstufe)

Die folgenden Sequenzen veranschaulichen Ausschnitte aus einem Planungsgespräch zwischen zwei jungen Gymnasiallehrpersonen aus der Umgebung von Zürich. Beide unterrichten noch nicht lange Französisch und sind ungefähr im selben Alter.

Die Vorbesprechung dauerte rund 20 Minuten und erfolgt auf der Grundlage einer Unterrichtsskizze, welche die Coachee für eine Französischlektion mit einer Klasse im 9. Schuljahr an einem Schweizer Gymnasium verfasste. Die Schülerinnen und Schüler sollen die Zeitform des Futurs II erkennen und schriftlich sowie mündlich anwenden können. Die Formen sollen anhand eines Gedichts, die Funktionen dieser Formen unter Einbezug eines Bildes dialogisch erarbeitet werden.

In einer ersten, hier nicht beleuchteten Sequenz erläutert die Coachee die Voraussetzungen der Klasse, die beabsichtigten Lernziele sowie ihre Unterrichtsskizze. Für diesen Ausschnitt liegt aus Gründen des Datenschutzes lediglich ein Transkript ohne Video vor (vgl. S. 76).

Clip 4.1 bisherige Planung, Vorwissen und Ziele der Stunde

Diese Sequenz (Dauer 2:20 Min.) folgt auf die einleitende Schilderung der Coachee über ihre bisherige Planung. Die Coach stellt Fragen, um ihr Verständnis der von der Coachee beschriebenen Planung sicherzustellen.

Clip 4.2: Ausdifferenzierung der Planung zur Anwendungsphase

Der zweite Clip aus dieser Vorbesprechung (Dauer 3:31 Minuten) zeigt, wie Coach und Coachee gemeinsam die Planung weiterentwickeln. Vor diesem Ausschnitt sprechen Coach und Coachee über die zwei Funktionen des Futurs II. Im Clip geht es um die Festigung und den Transfer des neu aufgebauten Wissens mit den Schülerinnen und Schülern.

Online unter www.schulverwaltung.de/freischalten

7.3.5 Vorbesprechung zu Experimentieren und Humanbiologie zwischen Lehramtsstudierenden (Sekundarstufe)

Diese Aufnahme eines gemeinsamen Planungsgesprächs zwischen *zwei Studierenden für das Lehramt Biologie der Sekundarstufe I* (Sek. I umfasst in der Schweiz die 7.-9. Klasse) entstand im Rahmen der Studie KUBeX (Kreis et al., in Vorb.; S. Schnebel et al., akzeptiert) in der Ostschweiz. Das Beispiel zeigt somit eine Anwendung des Kollegialen Unterrichtscoachings in der Grundausbildung von Lehrpersonen, die im Rahmen einer Intervention an einer Schweizer Lehrerbildungsinstitution durchgeführt wurde. Die Intervention bestand in einer Einführung und einem videobasierten Training zu Kollegialem Unterrichtscoaching für Studierende in zwei aufeinanderfolgenden Seminarsitzungen zu 90 Minuten (nähere Beschreibung in Kapitel 6.3). Die Studierenden lernten die wichtigsten Elemente des Kollegialen Unterrichtscoachings kennen. Anschließend erprobten und reflektierten sie im Sinne eines Trainings je eine Vorbesprechung in der Rolle als Coach und Coachee. Daraufhin führten sie erneut je ein Planungsgespräch in wechselnden Rollen durch, das mit Video aufgezeichnet und analysiert wurde (Kreis et al., in Vorb.).

Der ausgewählte Videoausschnitt stammt aus dem Datenmaterial der Studie. Zwei Studentinnen planen gemeinsam Unterricht für eine 8. Klasse zum *Experimentieren als Erkenntnismethode der Naturwissenschaften*. Exemplarisch wird in der Stunde die *Adaptation des menschlichen Auges* (Pupillenlichtreflex als Anpassung an die im Gesichtsfeld vorherrschende Helligkeit), ein Phänomen der visuellen Wahrnehmung behandelt. Die gecoachte Studentin brachte eine Planungsskizze in die Vorbesprechung mit, die nun mit Unterstützung des Coachs (im Bild links) elaboriert wird. Das Planungsgespräch dauert insgesamt 21 Minuten.

Clip 5: Klärung der Lern- und Bildungsziele

Der Clip (Dauer 2:51 Minuten) zeigt eine Sequenz am Anfang der Besprechung. Zuerst schildert die Coachee, welche Lernziele sie in der Stunde zu erreichen beabsichtigt. Die coachende Studentin regt sodann mittels Fragen und Hinweisen die Präzisierung der Lernziele für die Schülerinnen und Schüler an:

Online unter www.schulverwaltung.de/freischalten

8 Arbeitsmaterialien

Die folgenden Arbeitsmaterialien sind im Downloadbereich als Kopiervorlagen verfügbar.

A. Kollegiales Unterrichtscoaching im Überblick – Leitfaden

In diesem Leitfaden ist das Vorgehen beim Kollegialen Unterrichtscoaching im Überblick dargestellt. Eine Kopiervorlage finden Sie im Downloadbereich.

Im Tandem vor dem gecoachten Planungsgespräch

Vor Beginn eines Kollegialen Unterrichtscoachings regeln Coach und Coachee folgende organisatorischen Fragen:
- Wer ist Coach, wer wird gecoacht?
- Wann und wo findet das Coaching statt?
- Wann finden der Unterricht, die Vor- und die Nachbesprechung statt?
- Wie viel Zeit steht für die Besprechungen zur Verfügung?

Gecoachte Lehrperson (Coachee) vor dem Planungsgespräch

Die gecoachte Lehrperson entscheidet, welche Lerninhalte sie in der gecoachten Unterrichtsstunde unterrichten wird und bereitet sich knapp auf die Vorbesprechung vor (Ideenskizze, Lehrmittel, weiteres Unterrichtsmaterial).

Gemeinsames Planungsgespräch

1. Lehrperson und Coach wählen Kernperspektiven und Leitfragen aus, die bei diesem Coaching im Mittelpunkt stehen sollen.
2. Die gecoachte Lehrperson stellt kurz ihre Ideenskizze, allenfalls vorhandene Lehrmittel und zusätzliches Unterrichtsmaterial vor.
3. Coach und gecoachte Lehrperson planen gemeinsam die Stunde. Dabei nehmen sie explizit die Rolle als Coach oder Coachee ein. Der Coach unterstützt den kokonstruktiven Dialog, indem er zuhört, einladende Gesprächshandlungen einsetzt sowie Hilfestellung zur Unterrichtsgestaltung als Angebote einbringt. Durch klärende Fragen stellen beide sicher, dass sie sich gegenseitig verstehen und die Verantwortung für die Gestaltung gemeinsam übernehmen können.
4. Lehrperson und Coach vereinbaren, wer in den Unterrichtssequenzen welche Rolle übernimmt.

5. Abschließend werden nochmals die ausgewählten Leitfragen sowie die zentrale Frage überprüft: *Ist die Planung des Unterrichts ausreichend darauf ausgerichtet, zielorientierte Lernprozesse der Schülerinnen und Schüler zu fördern?*

Gemeinsam verantwortete Unterrichtsdurchführung

Verglichen mit der üblichen Hospitationspraxis übernimmt der Coach dabei nach vorhergehender Absprache und mit dem expliziten Einverständnis des Coachee eine aktivere Rolle. Mögliche Formen sind:

– Die gecoachte Lehrperson unterrichtet alleine, der Coach beobachtet und macht sich Notizen.
– Die gecoachte Lehrperson und der Coach unterrichten gemeinsam (im Sinne von gecoachtem Unterricht, nicht von Teamteaching!).
– Der Coach unterrichtet ausgewählte Unterrichtssequenzen als Modell.
– Der Coach beteiligt sich nach entsprechender Vorabsprache auch spontan im Unterricht.

Nachbesprechung

1. Die Lehrperson berichtet, wie die Lektion ihrer Meinung nach im Hinblick auf die ausgewählten Leitfragen verlaufen ist, ob es wesentliche Abweichungen von der Planung und herausfordernde oder unbefriedigende Situationen gab.
2. Der Coach ergänzt aus seiner Perspektive, ebenfalls im Hinblick auf die in der Vorbesprechung ausgewählten Aspekte. Auch die Nachbesprechung soll möglichst in einem dialogischen und kokonstruktiven Gespräch verlaufen.

Weiteres Vorgehen im Kollegialen Unterrichtscoaching

Die Nachbesprechung schließt mit einem Ausblick auf die nächste Unterrichtsstunde oder Unterrichtseinheit, möglichst auch auf den nächsten Coachingzyklus ab. Es wird geklärt, welche Fragen für die weitere Entwicklungsarbeit der Lehrperson von Interesse sind und wann und in welcher Form das Coaching fortgeführt werden soll. Üblicherweise beinhaltet die Zusammenarbeit im nächsten Coachingzyklus einen Rollenwechsel zwischen Coach und Coachee.

B. Leitfragen zu Kernperspektiven

Die Leitfragen zu vier Kernperspektiven für die Planung und Reflexion von Unterricht (Staub, 2001, 2004; Staub, West & Bickel, 2003) können als inhaltlicher Orientierungsrahmen genutzt werden, um die Gestaltung von Unterrichtssequenzen im Rahmen von Kollegialem Unterrichtscoaching zu durchdenken. Die Leitfragen sind ein zentrales Instrument zur Anregung substanzieller Unterrichtsbesprechungen.

Die Fragen sollen den Coachs die Gesprächsführung erleichtern. Die gecoachten Lehrpersonen (Coachees) wählen nach ihrem aktuellen Entwicklungsbedarf zu den vier Kernperspektiven Leitfragen aus. Mit Unterstützung des Coachs diskutieren sie Alternativen und deren Begründungen. Im Kern geht es in einem Kollegialen Unterrichtscoaching immer um die Frage:

Wie können die Planung und die Durchführung des Unterrichts optimiert werden, um zielorientierte Lernprozesse der Schülerinnen und Schüler zu fördern?

Dieser Hauptfokus wird anhand von Leitfragen zu folgenden vier Kernperspektiven der Planung, Gestaltung und Reflexion von Lerngelegenheiten diskutiert:

1. **Klärung der Fachinhalte und Lern-/Bildungsziele der Unterrichtsstunde**
2. **Einordnung der Unterrichtsstunde in die thematische Einheit und den Lehr-/Bildungsplan**
3. **Vorwissen und mögliche Schwierigkeiten der Schülerinnen und Schüler**
4. **Unterrichtsgestaltung zur Unterstützung der Lernprozesse**

Die Liste mit den Leitfragen ist nicht wörtlich und vollständig abzuarbeiten. Vielmehr sollen die Fragen passend zu den jeweiligen Entwicklungszielen der (angehenden) Lehrperson und der aktuellen Unterrichtssituation gewählt und allenfalls um eigene Themen erweitert werden. Die Reihenfolge sowohl der Kernperspektiven als auch der Leitfragen kann auch verändert werden.

1. Klärung der Fachinhalte und Lern-/Bildungsziele der Unterrichtssequenz

- Welches sind die Lern-/Bildungsziele der Unterrichtssequenz?
- Welches sind die zentralen Fachbegriffe in der Unterrichtssequenz?
- Sollen die Schülerinnen und Schüler in der Unterrichtssequenz bestimmte Strategien, fachspezifische Arbeitsweisen erlernen?
- Welches Lernziel oder welche Lernziele/Kompetenzen haben in dieser Unterrichtssequenz Priorität?
- Wie werden den Schülerinnen und Schülern die Ziele und Erwartungen transparent gemacht?

2. Einordnung der Unterrichtssequenz in thematische Einheit und Lehr-/Bildungsplan

- Auf welche Kompetenzen des Lehr-/Bildungsplans wird mit dieser Unterrichtssequenz hingearbeitet?
- Wurden oder werden die Lerngegenstände der Unterrichtssequenz auch zu einem anderen Zeitpunkt mit den Schülerinnen und Schülern bearbeitet?

3. Vorwissen und mögliche Schwierigkeiten der Schülerinnen und Schüler

- Welche für die Unterrichtssequenz relevanten inhaltlichen Konzepte wurden mit der Klasse bereits bearbeitet?
- Welche Strategien, fachspezifischen Arbeitsweisen können bei den Schülerinnen und Schülern bereits vorausgesetzt werden?
- Welche Erfahrungen und Vorstellungen (Präkonzepte) sind zu diesem Thema bei den Schülerinnen und Schülern vorhanden oder zu erwarten, woran kann angeknüpft werden?
- Welche Schwierigkeiten sind zu beobachten oder könnten bei den Schülerinnen und Schülern auftreten?

4. Unterrichtsgestaltung zur Unterstützung der Lernprozesse

- Welche Sozialformen und Unterrichtsmethoden werden eingesetzt, um das Erreichen der Lernziele zu unterstützen?

- Wie wird der Einstieg in die Unterrichtssequenz gestaltet?
- Mit welchen Aufgaben sollen die Schülerinnen und Schüler die Lerninhalte und Lernziele bearbeiten und erreichen?
- Wie lauten die konkreten Auftragsformulierungen bzw. Arbeitsanweisungen?
- Welche Veranschaulichungen, Modelle oder Unterrichtsmedien werden verwendet?
- Wie werden die unterschiedlichen Lernvoraussetzungen der Schülerinnen und Schüler berücksichtigt? Wie werden Schülerinnen und Schüler mit besonderen Schwierigkeiten unterstützt? Welche zusätzlichen und herausfordernden Aufgaben gibt es für Schülerinnen und Schüler, welche die Anforderungen bereits erfüllt haben?
- Wie werden Möglichkeiten geschaffen, damit Schülerinnen und Schüler ihre Vorstellungen und ihr Denken äußern können?
- Wie werden die Schülerinnen und Schüler angeregt und unterstützt, fachbezogen zu argumentieren und respektvoll auf die Überlegungen anderer einzugehen?
- Wie soll neu aufgebautes Wissen gefestigt werden?
- Wie wird sichtbar, ob die Schülerinnen und Schüler die Lernziele erreicht haben (Lern-/Leistungsdiagnose)?
- Wie wird das Erreichte gewürdigt?
- Wie wird beurteilt, inwiefern die Schülerinnen und Schüler die Lernziele erreicht haben?
- Wie viel Zeit wird für die einzelnen Phasen der Unterrichtssequenz veranschlagt?
- Ist die Gestaltung der Unterrichtssequenz auf die wichtigsten Lernziele ausgerichtet?

Kopiervorlage für ein Kartenset zu den Leitfragen

Erfahrungsgemäß arbeiten viele Lehrpersonen lieber mit *Karten* zu den Leitfragen als mit einer Liste. Eine *Kopiervorlage*, mit der Sie mit wenig Aufwand Ihr eigenes Kartenset herstellen können finden Sie im Downloadbereich. Wenn Sie die Kopiervorlage auf Visitenkartenbogen drucken, ersparen Sie sich die Mühe des Zuschneidens. Unsere Vorlage wurde für Bögen mit zehn Karten à 8.5 x 5.5 cm erstellt. Wir bedanken uns bei unserer Kollegin Christiane Arndt ganz herzlich für diese zeitsparende und elegante Idee!

C. Beispielauftrag für die Erprobung eines Kollegialen Unterrichtscoachings

Sie haben das Kollegiale Unterrichtscoaching bereits in einer Fortbildung respektive durch Lektüre kennengelernt. Bis zum zweiten Kursteil/nächsten Treffen sollen Sie nun mindestens einen vollständigen Coachingzyklus selbst ausprobieren, so dass Sie im Plenum oder Team Ihre Erfahrungen austauschen und reflektieren können.

Führen Sie mindestens einmal einen vollständigen Zyklus eines Kollegialen Unterrichtscoachings durch. Erproben Sie je nach Möglichkeit die Rolle als Coach oder – sofern Sie mit einer Kollegin oder einem Kollegen zusammenarbeiten, der/die ebenfalls an der Fortbildung teilnimmt – als gecoachte Person (Coachee). Halten Sie sich so weit wie möglich an das Modell und führen Sie folgende Schritte durch:

1. Durchführung einer *Vorbesprechung* zur dialogischen Planung und Kokonstruktion einer Unterrichtssequenz unter Einbezug von *Leitfragen zu den vier Kernperspektiven* (vgl. Arbeitsmaterial im Downloadbereich: G Kopiervorlage_Kernperspektiven Karten) sowie allenfalls weiterer, für Sie beide relevanter Referenzpapiere;
2. gemeinsam verantwortete Durchführung einer gecoachten *Unterrichtsstunde* gemäß dem Ansatz;
3. Durchführung einer *Nachbesprechung*, in der Sie orientiert an den Leitfragen und allenfalls weiteren Referenzpapieren reflektieren, inwiefern Ihre gemeinsame Planung sich umsetzen ließ, welche Lernprozesse bei den Schülerinnen und Schülern ausgelöst werden konnten. Reservieren Sie sich bitte auch etwas Zeit, um sich darüber auszutauschen, wie Sie die Coachingbesprechungen und die Zusammenarbeit während des Unterrichts erlebt haben, was Sie eventuell optimieren möchten und wie Sie sich weitere Coachings vorstellen.

Bringen Sie zum nächsten Fortbildungstag/Austauschtreffen die verwendeten Arbeitspapiere mit. Diese werden Ihnen helfen, sich detaillierter an den Coachingzyklus zu erinnern (z.B. Unterrichtsplanung, Arbeitsblätter).

D. Beobachtungsbogen für Vor- und Nachbesprechung

Dieser Beobachtungsbogen wurde entwickelt, um die Beobachtungen zu Vor- und Nachbesprechungen im Kollegialen Unterrichtscoaching zu strukturieren und damit zu erleichtern. Die Fragen orientieren sich an den Hauptelementen zur *Anregung einer dialogischen Gesprächsführung* im Kollegialen Unterrichtscoaching (vgl. Kapitel 4.1.2). Sie sollen eine strukturierte Beobachtung unterstützen und erleichtern. Der Bogen kann sowohl in der *unmittelbaren Beobachtung von Planungsgesprächen in Echtzeit* als auch als Grundlage für die *Reflexion von Videoaufnahmen exemplarischer Coachingausschnitte* verwendet werden, wie sie in Kapitel 5 beschrieben sind.

1. Welche *einladenden Gesprächshandlungen* wendet der Coach an?
   (z. B. Fragen, Aufforderungen, etwas näher zu erläutern, zu begründen etc.)

2. Welche *Gesprächshandlungen mit Hilfestellungen zur Unterrichtsgestaltung* wendet der Coach an?
   (z. B. Idee einbringen, auf Alternativen, Begründungen oder mögliche Schwierigkeiten hinweisen etc.)

3. Wie stellen Coach und Coachee sicher, dass sie einander verstanden haben (*Verständnissicherung*)?
   (z. B. „Verstehe ich richtig, dass Sie ...")

4. Werden im Besprechungsausschnitt Ideen gemeinsam im Dialog entwickelt (Kokonstruktionen)? Welche?

5. Welche *Kernperspektiven* und *Leitfragen* werden im Besprechungsausschnitt thematisiert?

E. Fragen zur Reflexion der Erfahrungen mit Kollegialem Unterrichtscoaching im Team

Diese Arbeitshilfe umfasst Fragen zu Erfahrungen mit Kollegialem Unterrichtscoaching und kann für die Reflexion im Anschluss an erste Erprobungen eines Teams mit Kollegialem Unterrichtscoaching eingesetzt werden.

Die Beteiligten beantworten die folgenden Fragen zu ihren ersten Erfahrungen mit Kollegialem Unterrichtscoaching zuerst für sich selbst. Anschließend tauschen sie sich mit ihrer Coachingpartnerin oder ihrem Coachingpartner, allenfalls auch mit weiteren Kolleginnen und Kollegen aus. Zur Unterstützung des Austauschs eignen sich z. B. Plakate pro Frage, die an den Wänden aufgehängt sind und entlang derer sich die Beteiligten während ihres Gesprächs bewegen. Zur Vorbereitung einer fruchtbaren Diskussion im Team und zur Klärung offener Fragen werden die zentralen Aussagen oder Einschätzungen pro Frage schriftlich festhalten.

Allgemeine Fragen

– Mit wem führten Sie das Kollegiale Unterrichtscoaching durch?
– Wie haben Sie sich organisiert (z. B. Zeitpunkt der Besprechungen, allfällige Vertretung während Unterrichtsbesuchen)?
– Welche Ziele verfolgten Sie mit diesem Kollegialen Unterrichtscoaching?

Vorbesprechung

1. Wie bereitete sich die gecoachte Lehrperson auf die Vorbesprechung vor? Was brachte sie bereits zur Besprechung mit?
2. Worüber haben Sie in der Vorbesprechung gesprochen?
    – Welche Kernperspektiven und Leitfragen (vgl. Arbeitshilfe **Fehler! Verweisquelle konnte nicht gefunden werden.**) haben Sie thematisiert?
    – Nutzten Sie andere Instrumente (z. B. Standards, Beurteilungskriterien, Listen mit Merkmalen „guten Unterrichts")? Welche?
    – Weiteres?
3. Wie hat der Coach die gecoachte Lehrperson in der Vorbesprechung unterstützt (z. B. durch Fragen, Ideen, Hinweise, Vorschläge, Tipps, Begründungen, Verständnisklärung)?
4. Verlief das Gespräch dialogisch? Trugen beide zur kokonstruktiven Planung bei?

5. Was wurde im Laufe der Vorbesprechung an der ev. bereits vorhandenen Planung verändert?
6. Wie wurden die Rollen für die Durchführung des Unterrichts festgelegt?
7. Wie viel Zeit nahm die Vorbesprechung in Anspruch?
8. Wie fühlten Sie sich dabei?
9. Gibt es Aspekte der Vorbesprechung, die Sie diskutieren möchten?

Unterricht

1. Was tat der Coach während der gecoachten Unterrichtsstunde?
2. Wie war das für Sie, falls Sie als Coach – respektive Ihr Coach – eine aktivere Rolle einnahm/en?
3. Wie hat Ihre Kollegin oder Ihr Kollege auf die aktivere Beteiligung reagiert?
4. Gab es etwas, das Ihnen während des Unterrichts Schwierigkeiten bereitete?
5. Gibt es Aspekte des gecoachten Unterrichts, die Sie diskutieren möchten?

Nachbesprechung

1. Führten Sie eine Nachbesprechung durch? Wie lange dauerte diese?
2. Welche Kernperspektiven und Leitfragen (vgl. Arbeitshilfe B) verwendeten Sie?
3. Worüber sprachen Sie in der Nachbesprechung außerdem?
4. Verwendeten Sie weitere Instrumente? Welche?
5. Wie haben Sie als Coach die gecoachte Lehrperson in der Nachbesprechung unterstützt (z.B. durch Fragen, Ideen, Hinweise, Vorschläge, Tipps, Begründungen, Verständnisklärung)? Wie wurden Sie unterstützt, falls Sie gecoacht wurden?
6. Was hat Ihr Coachee gelernt? haben Sie als Coach oder Coachee in der Nachbesprechung etwas gelernt?
7. Gab es etwas, das Ihnen in der Nachbesprechung Schwierigkeiten bereitete?
8. Welche Aspekte der Nachbesprechung möchten Sie allenfalls noch diskutieren?

F. Fragenkatalog für die Selbstevaluation der Einführung von Kollegialem Unterrichtscoaching in Schulteams

Diese Arbeitshilfe umfasst Fragen zu Erfahrungen mit Kollegialem Unterrichtscoaching und kann für eine Selbstevaluation im Anschluss an erste Erfahrungen eines Teams mit Kollegialem Unterrichtscoaching eingesetzt werden. Die Antworten liefern wertvolle Informationen für die Schulleitung und das Schulteam darüber, wie der Ansatz im Kollegium umgesetzt und akzeptiert wird. Sie bieten Grundlagen für evidenzbasierte Entscheidungen über die weitere Planung und Konzeption von Entwicklungsaktivitäten des Teams (vgl. Kap. 5). Die folgenden Fragen sind als Vorschläge mit Bezug auf einen Coachingzyklus formuliert.

Fragen zu den Kollegialen Unterrichtscoachings im Tandem

1. Wie häufig beteiligten Sie sich während des vereinbarten Zeitraums an Kollegialen Unterrichtscoachings?

Ich besuchte _____ mal eine Kollegin oder einen Kollegen im Unterricht.

Ich wurde _____ mal von einer Kollegin oder einem Kollegen im Unterricht besucht.

Bitte beantworten Sie die Fragen 2 – 8 für die Situationen, in welchen Sie von Ihrer Tandempartnerin oder Ihrem Tandempartner gecoacht wurden.

2. Führten Sie das Kollegiale Unterrichtscoaching im Hinblick auf ein bestimmtes Entwicklungsziel durch?
   ☐ nein
   ☐ ja, folgendes:

3. Welches Fach unterrichteten Sie in der gecoachten Lektion?
   ☐ Deutsch   ☐ Mathematik   ☐ anderes Fach:

4. Führten Sie ein **gemeinsames Planungsgespräch (Vorbesprechung)** durch?
   ☐ nein
   ☐ ja, die Vorbesprechungen dauerte ca. _____ Minuten.

5. Falls Sie eine Vorbesprechung durchführten: Worüber haben Sie dabei gesprochen? Bitte zählen Sie stichwortartig die wichtigsten Themen auf:

6. Falls Sie eine Vorbesprechung durchführten: Wie hat sich Ihre Lektionsplanung durch die Vorbesprechung verändert? Bitte zählen Sie stichwortartig die wichtigsten Veränderungen auf:
7. Führten Sie eine **Nachbesprechung** durch?
   ☐ nein
   ☐ ja, die Nachbesprechung dauerte ca. _____ Minuten.
8. Falls Sie eine Nachbesprechung durchführten: Worüber haben Sie dabei gesprochen? Bitte zählen Sie stichwortartig die wichtigsten Themen auf:
9. Was tat Ihr Coach während des gecoachten **Unterrichts**?
   ☐ Der Coach beobachtete den Unterricht nach vereinbarten Gesichtspunkten und machte sich Notizen im Hinblick auf die Nachbesprechung.
   ☐ Der Coach unterrichtete nach Absprache mit mir ausgewählte Unterrichtssequenzen allein.
   ☐ Wir unterrichteten gemeinsam, nachdem wir dies vorgängig abgesprochen hatten.
   ☐ Der Coach beteiligte sich spontan am Unterrichtsgeschehen nachdem wir das im Voraus so abgesprochen hatten.
   ☐ Der Coach beteiligte sich ohne vorherige Absprache spontan am Unterrichtsgeschehen.
10. Was taten Sie als coachende Lehrperson während des **Unterrichts** der Kollegin oder des Kollegen?
    ☐ Ich beobachtete den Unterricht nach vereinbarten Gesichtspunkten und machte mir Notizen im Hinblick auf die Nachbesprechung.
    ☐ Ich unterrichtete nach Absprache mit meiner Kollegin/meinem Kollegen ausgewählte Unterrichtssequenzen allein.
    ☐ Wir unterrichteten gemeinsam, nachdem wir dies vorgängig abgesprochen hatten.
    ☐ Ich beteiligte mich spontan am Unterrichtsgeschehen nachdem wir das im Voraus so abgesprochen hatten.
    ☐ Ich beteiligte mich ohne vorherige Absprache spontan am Unterrichtsgeschehen.
11. Was haben Sie in der Rolle als *gecoachte* Lehrperson bisher profitiert in Ihren Kollegialen Unterrichtscoachings?

12. Was haben Sie in der Rolle als *coachende* Lehrperson bisher profitiert in Ihren Kollegialen Unterrichtscoachings?

13. Gab es in den bisherigen Kollegialen Unterrichtscoachings Situationen, in denen Sie sich deutlich herausgefordert fühlten oder die für Sie schwierig waren?
    ☐ nein
    ☐ ja, folgende:

14. Ist Kollegiales Unterrichtscoaching für Sie ein geeignetes Instrument zur Unterrichtsentwicklung?
    ☐ ja   ☐ eher ja   ☐ eher nicht   ☐ nein

15. Würden Sie Kollegiales Unterrichtscoaching einer guten Kollegin oder einem guten Kollegen weiterempfehlen?
    ☐ ja   ☐ nein
    ☐ ja, wenn folgendes angepasst würde:

9 Transkripte zu den Videoausschnitten von Coachingssequenzen

9.1 Transkript Clip 1

Clip 1: Fragestellung des Coachings und Verlauf der geplanten Stunde

Ausschnitt aus der Vorbesprechung einer Lateinstunde in einer 8. Klasse zwischen zwei erfahrenen Lehrpersonen (Erläuterungen ab Seite 76).

Ce: Ich würde gerne die Lektion 14 mit denen ähm lesen und bearbeiten, ähm, hab aber schon jetzt gemerkt, dass irgendwie meine Schüler irgendwie Schwierigkeiten haben dann ähm hinterher eigentlich nochmal zu resümieren worum es inhaltlich vor allem geht …

C: Mhm (nickt).

Ce: … nach der Übersetzung und ähm das bereitet ihnen einfach ganz große Schwierigkeiten auch während des Übersetzens irgendwie Textverständnis da ähm zu bekommen …

C: Mhm.

Ce: Und, ja, ich würde halt ganz gerne auch ein bisschen mehr Texte im Unterricht irgendwie schaffen und weiß nicht so richtig wie ich da jetzt äh rangehen soll, dass wir ja da einfach mehr schaffen und gleichzeitig auch das Textverständnis hinterher haben bei den Schülern.

C: Ok. Hast du eine Idee woran es liegen könnte, dass sie da dieses Textverständnis nicht haben?

Ce: Mh (nachdenkend), ich glaube ihnen fehlen schon irgendwie so ein paar, mhm, Handwerks- also Handwerkszeug und paar vielleicht ein paar Methoden ähm das haben wir halt noch nicht so wirklich ähm thematisiert auch …

C: Mhm (nickt).

Ce: Ähm, ein bisschen machen wir sicherlich, aber irgendwie verlieren sie halt immer wieder dann den Faden zum Inhalt und ähm, ich frag dann natürlich immer wieder nach, aber trotzdem ist der Bezug zwischen also der Inhalt und d- der Text irgendwie ähm ist ja, der Bezug ist einfach nicht da.

C: Mhm (nickt). Also das heißt, die k- kommen inhaltlich nicht mit, kann es ...

Ce: Mhm (betont und nickend).

C: ... auch an den Vokabeln liegen oder meinst du ...

Ce: Habe ich das Gefühl ...

C: Ja?

Ce: ... auf jeden Fall also ähm die Wörter äh werden ja mehr oder weniger ähm einfach nur auswendig gelernt also das Listenlernen ...

C: Mhm (nickt).

Ce: ... und die zwei Spalten sch- ähm da klappen sie einfach die eine Seite zu und lernen es dann so zu sagen für den Test aber hinterher sind sie dann doch nicht präsent, die Wörter.

C: Okay. Und dass es auch damit zusammenhängt vielleicht, dass die von der kulturellen Kompetenz einfach die Inhalte nicht so durchdringen können oder meinst du das ist nicht so das Problem?

Ce: Ähm, das kommt ganz auf die Themen an also jetzt würde ich äh – tatsächlich bei dieser Lektion vermuten, dass es ähm aufgrund der feh – also weil sie da vielleicht einfach mit dem Mythos mit dem es äh- der in der Lektion ja ähm bearbeitet wird geht ähm das sie da den einfach noch nicht kennen aber ansonsten hatten wir auch schon Themen wo ich eigentlich davon ausgegangen bin, dass sie das kennen sollten.

C: Ok. Dann (mein ich doch?) die Vokabeln, ne? (lachend)

Ce: (lacht) Genau (unverständlich).

C: Und und die Techniken, ok?

Ce: Mhm (nickt).

C: Sollen wir uns dann was überlegen, wie man das beides entlastet, einmal die Vokabeln ...

Ce: Mhm (nickt).

C: ... und dann ihnen vielleicht einige Techniken (unverständlich)?

Ce: Finde ich eine gute Idee.

C: Ja?

Ce: Ja.
C: Ok. Ähm, genau hast du schon irgendwelche Vorstellungen ...
Ce: (holt tief Luft)
C: ... was man ...
Ce: Also (unverständlich) das das machen wir ja schon also wir schauen uns irgendwie Bilder an ...
C: Mhm (nickt).
Ce: ... oder den Einleitungstext ähm dann wird laut gelesen also wir machen ja schon so ein paar Kleinigkeiten aber jetzt so ähm wie man den Text noch weiter (unverständlich) vielleicht noch während des Lesens ähm da bin ich noch so ein bisschen überfragt.
C: Mhm. Und äh, du sagtest gerade du fängst auch mit Bildern an sozusagen ...
Ce: Ja.
C: ... (unverständlich) ähm was hältst du denn davon wenn man vielleicht schon Textbausteine mit dem Bild in Zusammenhang bringt?
Ce: Mhm (nickt).
C: Und die das selber beschreiben lässt oder (unverständlich) schaffen die das schon oder ...
Ce: Ja das schaffen die schon.
C: Ja?
Ce: Ja.
C: Wäre das vielleicht eine Variante, die ...
Ce: Ja dann müsste natürlich das Bild auch entsprechend zum Text passen, na?
C: Stimmt. Das heißt wir müssten ein Bild gestalten (lacht).
Ce: Ok (lacht).
C: (unverständlich)
Ce: Ja, genau.
C: Ok.

Ce: Ja weil das was hier im Buch äh ...
C: Ja.
Ce: ... vorgegeben wird (find ich?) passt nicht so ...
C: Stimmt.
Ce: ... ganz.

*** Schnitt ***

Ce: Und dann die Sicherung meinst du?
C: Genau, das (solltest du?) noch übersetzen vorher oder zuerst das Textverständnis (erklären?)?
Ce: (atmet laut aus) Ähm, also wir sind na – ich bin mh muss ich zugeben immer so rangegangen, dass wir erst übersetzt haben und dann hinterher ähm das Textverständnis noch einmal thematisiert haben ähm weiss aber auch äh dass das Textverständnis eigentlich absolut zwingend ist für die Übersetzung ...
C: Mhm (nickt), mhm.
Ce: ... beziehungsweise den Vorgang natürlich auch stark vereinfacht, ne, man weiss worum es geht ...
C: Ja, dann ...
Ce: ... läuft es eigentlich besser auch, also von daher ähm würde ich jetzt tatsächlich mal umdrehen und ...
C: Mhm (nickt), (lachend).

9.2 Transkript Clip 2

Clip 2: Stärkung des Situationsbezugs einer Aufgabenstellung

Ausschnitt aus einer Vorbesprechung von Unterricht über Textproduktion in Deutsch zwischen zwei Förderlehrpersonen (Grundschule) (Erläuterungen ab S. 78).

C: Und wie willst du das jetzt einführen? Hast du schon einen (Olchi) fertig? Oder wie schaffst du die Motivation, dass sie da jetzt Lust drauf haben?

Ce: ... Aber ich glaube die Olchis an sich sind die Motivation, wenn ich die Stoffpuppe habe ...
C: Mhm (nickt).
Ce: Hast du ja vor Augen die Stoffpuppe, die ist ja sehr eindrücklich ...
C: Mhm (nickt).
Ce: Und ich glaube das ist schon Motivation an sich, um zu sagen, also jetzt beschreiben wir die jetzt mal. Was ist das Besondere? (Pause) Habt ihr schon mal, also ne, habt ihr schon mal so eine Figur gesehen? (Pause) Gibt es die im realen Leben oder was unterscheidet die jetzt von uns?
C: Naja, die Frage, die Frage wäre ja, also zum Beispiel, wäre ja auch lustig, wenn man sagen würde, ähm, der Olchi ist weg und du musst ihn beschreiben, zum Beispiel.
Ce: Und damit er wiedergefunden wird.
C: Genau. Weil das ist ja die eigentliche Idee des Steckbriefs, dass man jemanden sucht mit 'nem Steckbrief.
Ce: Und dass man 'ne Chance hat ...
C: Genau. Ihn wieder zu finden und dann ...
Ce: Wobei, das ist ja dann wieder totaler Quatsch in dem Fall, weil der Wohnort wäre in dem Fall ja dann völlig irrelevant.
C: Mhm (nickt).
Ce: Dann könnte man da schon mal partout rausstreichen.
C: (Pause) Wenn man ihn wiederfinden will.
Ce: Ja.
C: (lacht) Ja (lacht).
Ce: Es sei denn (lauter) er hat sich zuhause versteckt (lacht).
C: Da gibt es ja dann wohl die äh die Merkmale sozusagen.
Ce: Genau. Der Steckbrief wäre dann nur die äußeren Merkmale.
C: (nickt langsam).
Ce: Der Geruch noch, ok (holt Luft), aber man kann ihn auch finden.

C: Mhm (Pause). Ja die Frage bleibt tatsächlich nach der warum wollen die, warum sollen die den Olchi beschreiben? Warum soll es einen Steckbrief zu den Olchis geben? (lacht)
Ce: (lacht) du bist ja richtig aiaiaiai (lacht).
C: (lacht) Genau. Warum?
Ce: (Pause) Weil er weg ist. Hast du doch eben gesagt (lacht).
C: (lacht) Naja das wär-wär ...
Ce: Das könnte man in eine Geschichte einbauen.
C: Das wäre dann die Motivation.
Ce: Durchaus in eine Geschichte einbauen, die man selber ausspinnt, ne.
C: Mhm.
Ce: Olchikind, das zum Beispiel abgehauen ist.
C: Oder wenn man das Ganze noch mit Worten machen will, dass die Oma anruft und fragt, was ihr in der Schule macht zum Beispiel. Da muss man ja erklären, was man gerade macht.
Ce: Oder das ist die andere Variante, wir haben bei unseren einen Schülern eingeschrieben wir machen jetzt die Olchis als Thema, damit die Eltern das wissen und es kam sofort die Rückmeldung oder Frage: was ist denn ein Olchi? Das könnte man natürlich auch, das ist die Motivation der Klasse. Die Mutter ...
C: Jaaa, das stimmt.
Ce: Ah ja, du bist ja wieder, richtig, gut (lacht).
C: Super (lacht). Genau. Das wär – das wär super.
Ce: Zu sagen also von Lea Sophie die Mama, die weiss überhaupt nicht was Olchis sind. Die möchte jetzt gerne wissen (Pause) ...
C: Genau.
Ce: So jetzt versuchen wir sie mal zu beschreiben, damit Lea-Sophies Mama weiss, worüber wir überhaupt sprechen.
C: Wir können nämlich die ähm, die Puppe auch nicht nach Hause schicken und dann weiss sie ja auch nicht mehr, wenn sie die Handpuppe

	von den Olchis in der Hand hat. Was weiss sie denn dann? Da kann man nochmal …
Ce:	Naja, das Aussehen …
C:	Nur das Aussehen, die weiss nicht was die fressen, die weiss nicht wo sie wohnen.
Ce:	Genau.
C:	Weil die nicht sprechen können.
Ce:	Genau.
C:	Das ist ja cool. Also wäre die Anfangsmotivation, die Mama von der Sophie weiss nicht, was die Olchis sind und zum Schluss, müsste die Mama aber dann Information kriegen.
Ce:	Genau, wir würden ihr die Zettel mitgeben. Wir müssen einen ausfüllen. Und da vielleicht auch noch andere Eltern fragen, weil wir das natürlich für alle Eltern tun.
C:	(nickt) Perfekt. Und dann wäre die Frage von Lea-Sophies Mama: Wer ist denn eigentlich Lea-Sophie? Weil du musst ja jetzt …
Ce:	Nein, wir können ja als die Motivation, wir haben viele neue Schüler in der Klasse, wir kennen sie nicht, also …
C:	(leise) Ah.
CE:	Um den anderen Eltern vorzustellen, wir haben halt Elternabend und dann könnte man ja anhand dessen einzelne Kinder vorstellen.
C:	(Pause) Sehr schön.
Ce:	Nicht unbedingt den Geruch (lacht).
C:	Also könnte da auch theoretisch jede äh jedes Kind für seine Eltern oder Grosseltern, die nicht, was ein Olchi ist …
Ce:	… genau, einen Steckbrief …
C:	… einen Steckbrief …
Ce:	… einen Steckbrief über den Olchi, dann im Anschluss einen Steckbrief über sich selber.
C:	(nickt)

Ce: Damit man auf dem Elternabend die Steckbriefe aushängen kann und sich die Kinder selbst vorstellen.
C: (leise) Sehr gut (nickt).

9.3 Transkripte Clips 3.1–3.3

Besprechung zu Grundrechenarten in Mathematik zwischen erfahrenen Lehrpersonen, Sekundarstufe (Erläuterungen ab S. 79).

Clip 3.1 Reflexion der Gruppenarbeitsphase mit Niveaudifferenzierung (Nachbesprechung)

C: Also, schauen wir jetzt mal die Gruppenarbeitsphase an. Da hatten wir ja überlegt, ähm, zum einen arbeitsteilig zu arbeiten …
Ce: Mhm.
C: … und zum andern die Gruppen, ähm, auch, äh, Niveau zu differenzieren.
Ce: Mhm.
C: Mmh, und da, äh, hattest du ja eine Einteilung vorgenommen, äh, … Wie ist es gelungen, hattest du den Eindruck?
Ce: Also wir haben ja schon nach Niveau in dem Sinn eingeteilt, dass wir einfach gesagt haben, okay, die Schüler sollen sich einfach melden …
C: Mhm.
Ce: … wie sie sich das zutrauen …
C: Mhm, mhm, mhm.
Ce: … welches Thema jetzt für sie eigentlich das richtige ist. Und das fand ich, ist eigentlich ganz gut gelungen, und es gab dann auch, durch das, dass sie sich mehr oder weniger selber gefunden haben, auch keine …
C: Ja.
Ce: … ja, Probleme dann mit der Gruppenbildung und so.
C: Mhm.
Ce: Und was ich auch von Vorteil fand, sie haben sich selber eingeteilt, und es war nicht von außen aufgestülpt und …
C: Ja (nickt).

9 Transkripte zu den Videoausschnitten von Coachingsequenzen

Ce: ... und grad die Schwächeren haben sich ein bisschen zusammen, oder die Schüchternen, es sind nicht unbedingt die Schwächeren ...

C: Mhm, mhm, mhm.

Ce: Und die haben dann natürlich in der Gruppe auch sehr gut zusammenarbeiten können.

C: Mhm, mhm, mhm.

Ce: Das fand ich also, war ganz gut.

C: Also das finde ich auch wirklich spannend, das hatten wir ja lange überlegt, wie wir das machen mit dem, mit dem Einteilen, dass wir diese Niveaus bekommen... und jetzt dieses über die Aufgabe, was trau ich mir zu? Da ranzugehen, also das hat, finde ich, wirklich gut geklappt.

Ce: Das war gut ja.

C: ... und äh, zeigt auch bei den Schülern, dass sie sich da sehr wohl einordnen können und auch wissen, was sie sich zutrauen wollen und können.

Ce: Mhm.

C: Also das denke ich, sollte man wirklich beibehalten, an der Aufgabe orientiert aussuchen zu lassen und da auch Vertrauen drein zu haben, dass die sich schon irgendwie sich da richtig justieren. Das fand ich ...

Ce: Wobei wir da wahrscheinlich schon auch ein bisschen aufpassen müssen bei der Gruppenbildung ... die merken natürlich jetzt, wie das funktioniert ...

C: Mhm! Okay.

Ce: Wir haben ihnen ja nicht vorgängig gesagt, das ist jetzt die Gruppeneinteilung, sondern nur, wer traut sich ... wer ist überzeugt, er kann's gut.

C: Mhm.

Ce: Wer sagt, er hat ein bisschen Angst davor.

C: Mhm.

Ce: Und wenn die das natürlich wissen, dann gucken die schon, was sagt mein Kumpel ...

C: Ja, okay.
Ce: Da müssen wir vielleicht (unverständlich)
C: Ja, stimmt, stimmt, ja. Aber im Prinzip an der Aufgabe orientiert glaub ich, sollte man irgendwie bleiben.
Ce: Ja. Also die, jetzt hat es auf jeden Fall super funktioniert.
C: Gut.

Clip 3.2 Auftragserteilung

C: Und dann hattest du ja noch den Arbeitsauftrag dann erklärt; das hatten wir auch so überlegt. Ja, wir erklären ihnen das ganz genau, damit die dann eben das auch wirklich richtig machen. Und beim Hintendrin-Sitzen kam's mir dann ein bisschen lange vor. Also ein bisschen zu ausführlich und wo ich dann auch noch grad so... (Geste des Gelangweiltseins) und wo ich dann auch so also weiter, weiter, dass die jetzt hier mal fertig wird, wir wollen jetzt anfangen ...
Ce: Mhm.
C: Und dass wir da vielleicht doch immer mehr dazu übergehen, die schriftlich zu geben, diese Aufträge und ...
Ce: Okay.
C: Und eben dann auch erst mal zu sagen, da (zeigt vor sich hin) ist es.
Ce: Mhm.
C: Heißt natürlich auch, dass man sehr viel ähm... Überlegung in die Formulierung der Arbeitsaufträge dann tun muss. Also dass man... dass sie das dann auch wirklich verstehen können.
Ce: Ja, was wir uns aber überlegt haben hier im Vorfeld, das war ja, dass sie dann einfach mal einen Überblick bekommen, was kommt auf uns zu.
C: Ja, ja, ja, ja ...
Ce: Wegen dem haben wir es ja eigentlich gemacht, dass sie wirklich wissen, okay, erst mal Stillarbeitsphase.
C: Mhm.
Ce: Was muss ich denn alles machen? Was muss ich berücksichtigen?
C: Mhm.

Ce: Ich kann's nicht irgendwie hinschmieren ...
C: Mhm.
Ce: Ich muss es dann nachher präsentieren ... Dann kommt die Präsentation ...
C: Mhm (nickt).
Ce: ... einfach, dass sie da den Überblick haben...
C: Mhm, mhm.
Ce: Wegen dem haben wir's eigentlich überlegt. Aber man kann das natürlich alles mit in den Arbeitsauftrag mit aufnehmen. Das könnte man natürlich auch.
C: Denke ich, weil, wie gesagt, man, wir, wir klagen ja alle immer, dass Schüler bis zum Abitur eben nicht die Aufgaben lesen oder nicht das, was sie tun sollen. Das würde hilfreich sein.
Ce: Mhm.
C: Und grad jetzt 7ABG[7] das wirklich schrittweise aufzubauen, dass sie auch selbstständig werden und wissen, ich kann das herauslesen und muss nicht immer ähm die Frau Lang oder sonst wen haben, der mir irgendwie erklärt.
Ce: Und Stichwort „Frusttoleranz" praktisch auch ein bisschen trainiert.
C: Ja, genau, richtig, ja, ganz genau.

Clip 3.3 Sozialformen in der differenzierenden Aufgabenbearbeitung (Vorbesprechung)

C: Ich denke, mit der Nachbesprechung der Stunde sind wir jetzt ganz gut äh hingekommen, ähm ...
Ce: Waren ja auch interessante Erkenntnisse, also die wir auf jeden Fall, also brauchen können.
C: Ja, unbedingt, unbedingt.
Ce: Ja.
C: Mhm. Und jetzt, denk ich, können wir mal kucken, wie jetzt die nächste Doppelstunde sein soll.

---

7 In der Klasse 7ABG (Anmerkung der Autorin).

Ce: Mhm.
C: Was können wir von dem, was wir jetzt gesehen haben, da mitnehmen.
Ce: Mhm.
C: Und was ist jetzt auch eventuell dann der neue Fokus. Was denkst du denn jetzt, was jetzt inhaltlich jetzt als Thema kommen müsste?
Ce: Also jetzt, genau, jetzt ist auf jeden Fall ganz wichtig das äh, das ganze Üben, dass sie die Grundrechenarten üben und anwenden können. Weiterhin ist es dann, und da kann man jetzt also ganz toll differenzieren, weil da kann ich sagen, okay, die einen brauchen jetzt wirklich eine Grundrechenart, und das müssen sie jetzt hoch und runter, praktisch, exerzieren, und dann gibt es natürlich schon welche, die haben das schon gehabt und die haben das schnell verstanden.
C: Mhm.
Ce: Da kann man jetzt auch schon so praktisch so Verknüpfungen machen.
C: Mhm.
Ce: Das heißt, also man nimmt halt verschiedene Grundrechenarten und verknüpft die einfach miteinander.
C: Mhm, mhm, okay.
Ce: Und, äh, da bietet sich ja zum Beispiel an, dass man, zum Beispiel, was du ja schon vorgeschlagen hast, so ne Lerntheke macht...
C: Ja, genau, mhm, mhm.
Ce: ... oder was ... einfach verschieden schwere Aufgaben dann reinbringt.
C: Mhm.
Ce: Was ich jetzt aber zum Beispiel auch ganz interessant finde, weil das ist so ein bisschen der ähm, der Wettkampfcharakter, was bei den Schülern so durchkommt.
C: Mhm, ach klar!
Ce: Da hab ich schon in anderen Klassen so einen Trainingszirkel ähm ausprobiert ...
C: Mhm!

Ce: Das hab ich dir einen auch mitgebracht ...
C: Aha.
Ce: Also wie der aussehen könnte ... Also man nimmt praktisch eine Standardaufgabe. Wenn diese gut gelöst wird, wenn der alles richtig hat oder vielleicht einen Fehler, dann darf er gleich in die nächst höhere Stufe gehen, ansonsten muss praktisch so einen Kreis nochmal drumrum...
C: Okay.
Ce: ... er muss praktisch sich selbst kontrollieren.
C: Mhm.
Ce: Das finde ich eben zum Beispiel auch wichtig, dass sie wirklich ehrlich mit sich selber umgehen, selber kontrollieren, in ihrem Tempo das Ganze machen und ähm dann praktisch, wenn sie jetzt gut sind und jetzt halt, wenn sie alles verstanden haben, gehen sie zur nächst schwierigeren Kategorie, ansonsten bleiben sie einfach noch etwas auf der Basis.
C: Okay.
Ce: Und dass man den Schülern auch immer wieder praktisch signalisiert, es ist egal, wo ihr hinkommt, und ihr bekommt auch nicht mehr Hausaufgaben...
C: Mhm, aha
Ce: ... sondern eure Hausaufgabe ist zum Beispiel, jeder macht von dem Punkt aus, wo er jetzt ist, nochmal zwei Treppen weiter.
C: Okay.
Ce: Und dann werden wir natürlich am Ende nicht alle auf der gleichen Stufe haben, aber wichtig wär halt, dass man so das Mittelniveau erreicht praktisch für jeden Schüler...
C: Mhm, mhm.
Ce: Die einen werden dann praktisch gerade am unteren Ende des Standards sein, oder halt ein paar Übungen dazu gemacht haben ...
C: Mhm.

Ce: ... und andere werden halt schon bei der Kopfnuss sich ... (unverständlich).
C: Ah, das ist doch erstmal ne super Idee. Und wir würden auch ja gut anschließen an das, was vorher gewesen ist ...
Ce: Mhm.
C: Also, du hattest jetzt gesagt mit der ... also Einschätzung ...
Ce: Mhm.
C: ... das heißt, wir bräuchten äh, erstmal so ne Grundeinschätzung zu Anfang, wo die Schüler eben gucken können, auf welchem Niveau sie jetzt mit den Aufgaben einsteigen, oder ...
Ce: Genau. Da können wir natürlich da nochmal praktisch ne weitere Kategorie hier oben machen, das würde ... praktisch sagt, okay, wenn ihr... ihr probiert jetzt zum Beispiel da die Aufgabe aus ...
C: Genau. Mhm, mhm.
Ce: Wenn ihr sagt, okay, die ist mir zu einfach, dann geht ihr halt gleich ins nächste Niveau über.
C: Genau.
Ce: Ja.
C: Also, dass man da einfach so was vorschaltet, wo sie das nochmal irgendwie machen.
Ce: Ja, ja.
C: Dann würd ich sagen, äh, sollen sie ja da wahrscheinlich einzeln arbeiten, ne, nachdem sie in der Gruppe gearbeitet haben, so dass sie jetzt wirklich mal bei sich bleiben.
Ce: Das würde ich auch sagen. Jetzt grad beim Trainingszirkel, das muss alleine sein. Weil jeder ist doch in seinem Tempo.
C: Mhm, mhm, gell.
Ce: Wobei, ähm, wenn jetzt zwei sagen, sie haben ungefähr ähnliches Niveau, fände ich es eigentlich okay, wenn sie miteinander arbeiten, in dem Sinn, dass sie sich gegenseitig fragen dürfen.
C: Finde ich einen guten Ansatz, ich bin bloß irgendwie durch diese ähm auch intensive Gruppenarbeit, die wir irgendwo hatten, wär's aus mei-

	ner Sicht vielleicht nicht schlecht, wenn jetzt die einzelnen wirklich mal ganz...
Ce:	... für sich... arbeiten
C:	... bleiben; gut wir haben eine Doppelstunde, dass man das vielleicht nicht die ganze Doppelstunde durchzieht, das ist vielleicht ein bisschen hart...
Ce:	Mhm, mhm.
C:	Äh, also auf dem Grundmodell von diesem, also einschätzen auf dem Grundmodell von hier... Und dass es mindestens mal die ersten 45 Minuten mal wirklich alleine geht,...
Ce:	Okay.
C:	... weil ich habe schon oft beobachtet, dass wenn man die Schüler wirklich verpflichtet, alleine zu arbeiten, dass die oft ganz viel ruhiger werden ...
Ce:	Okay.
C:	... sich viel mehr der Aufgabe irgendwie auch zuwenden und nicht dann ständig irgendwo am Hin und Her sind.
Ce:	Ja, hasch... (unverständlich)
C:	Und dass man vielleicht ja sagen kann nach ner bestimmten Zeit...
Ce:	Jaa ...(?)
C:	Dass man sagen kann, so jetzt, kann man gucken, wer ist jetzt wo, und dann könnt ihr auch, wer mag, auch zusammen weiterarbeiten.
Ce:	Mhm, mhm, mhm.
C:	Also, ähm, dass man vielleicht auch einen Aufgabentyp hat, wo man sich dann Dinge erklären muss oder so ...
Ce:	Ja, ja, das stimmt.
C:	Also, dass wir das vielleicht ein bisschen variieren, weil mit Sieben... (unverständlich) in einer Doppelstunde die ganze Zeit still zu arbeiten, ist vielleicht auch ein bisschen... ein bisschen viel.
Ce:	Ja, wobei die Klasse wirklich toll ist ... (unverständlich).

C: Kann man ja vielleicht flexibel aus sehen, man muss ja nicht sagen, nach 5 Minuten so...
Ce: Genau, genau.
C: Und das würde jetzt aber heißen, wenn ich dich, wenn ich's richtig verstehe, dass wir wahnsinnsviel Material jetzt machen müssen.
Ce: Das würd ich so gar nicht sehen, ...
C: Okay...
Ce: ... sondern geben wir einfach das Buch her...
C: Oh Mensch, ja klar (!)
Ce: ... und dann sagen wir einfach,
C: Genau.
Ce: ... die einen machen das oder die Aufgabe,... da ist dieses Büchle ja auch gut wirklich konzipiert ...
C: Okay.
Ce: ... also wirklich vom Schwierigkeitsgrad ...
C: Und dann leitet man dann quasi so wie hier dann quasi durch die Angabe von Seiten und Aufgaben durch das Buch durch.
Ce: Genau, genau. Und da eben, immer da an den Schnittstellen ist man dann praktisch auch als Lehrperson dann als Ansprechpartner da, dass man wirklich sagen kann, okay, ich erklär's dir nochmal ...
C: Okay.
Ce: Und, ähm, dann gucken wir, was die Fehler sind.
C: Richtig. Und dann also, diese Kopfnuss, das ist ja dann eine komplexere Aufgabe, und da könnte man sich ja dann auch noch irgendwie überlegen, ähm, ob man die so wie ne, im Französisch heißt das tâche, eben ne Lernaufgabe, ne größere Aufgabe, die auch ein bisschen komplexer insgesamt ist, ähm, dass man die dann eben auch wirklich in Partnerarbeit oder so bearbeiten lassen kann ...
Ce: Ja, das ist eine gute Idee.
C: ... wenn man will.
Ce: Ja.

C: Dass man dann nochmal sagt, so, da könnt ihr jetzt noch zusammen, weil da muss man einfach reden, überlegen, wie kommt man auch zu einer richtigen Lösung.
Ce: Genau.
C: Dass das dann so irgendwie am Ende sein könnte.
Ce: Also... (unverständlich) gerade überlegt, wie soll das gehen, weil die so unterschiedlich schnell dann sind ...
C: Mhm.
Ce: ... aber das kann einer, zum Beispiel, wenn der schon drin ist, sich mit dem Thema schon beschäftigt hat ...
C: Genau.
Ce: ... kann der zweite einfach dazu stoßen.
C: Ganz genau.

9.4 Transkripte Ausschnitt 4.1 und Clip 4.2

Ausschnitte aus einem Planungsgespräch zwischen zwei jungen Gymnasiallehrpersonen. Beide unterrichten noch nicht lange Französisch und sind ungefähr im selben Alter (Erläuterungen ab S. 80).

Ausschnitt 4.1 bisherige Planung, Vorwissen und Ziele der Stunde

Für diesen Ausschnitt steht aus Gründen des Datenschutzes kein Videoclip zur Verfügung.

C: Also, hab ich richtig verstanden, dass du beginnen möchtest mit einer... mit einer Revision oder mit einer Vorwissensaktivierung?
Ce: Ja, Futur I.
C: Als Einstieg?
Ce: Als Einstieg, ja.
C: Also als Aufwärmphase.
Ce: Genau.
C: Mmh, ich denke mir, das bietet sich an, wenn man das Futur II behandelt. Dann sind alle nochmals auf dem Stand, was ist Futur, dann findet man das nochmals.

Ce: Mhm.
C: Das würdest du dann fragend-entwickelnd machen?
Ce: Was?
C: Den Einstieg, mhm.
Ce: Wir haben den Comic, das lesen sie, oder, auf Powerpoint, und nachher ist es im Plenum, sie sagen, was sie nach der Matur machen werden.
C: Mhm... Und wie viel Zeit rechnest du dafür?
Ce: Kurz... Das ist ... Futur I sollte ja ... Kenntnisse sind vorhanden ...
C: Ja.
Ce: ... schätze ich.
C: Mhm, okay.
Ce: ... ein paar Minuten, fünf Minuten.
C: Also liegt das schon länger zurück, das Futur I, die Behandlung?
Ce: Nein, nein.
C: Nicht?!
Ce: Das hatten sie in den letzten Wochen gelernt.
C: Mhm. Und nachher würdest du weitermachen mit ... mit deinem authentischen Text, mhm.
Ce: Ja.
C: Mit einem Gedicht, genau. Und dann hast du verschiedene Fragen formuliert dazu.
Ce: Einfach diese zwei.
C: Ja.
Ce: Was möchte diese Person machen, also gemacht haben in ihrer Zukunft, Futur II oder
C: Ja.
Ce: dann einfach Inhaltsebene. Und in einem zweiten Schritt will ich dann die Schüler und Schülerinnen auffordern, die Formen zu analysieren, zu schauen, was ist das jetzt für eine Zeit? Wie wird sie gebildet? Et cetera.

C: Mhm. Also, was ist genau das Ziel der ersten Frage? Was beabsichtigst du damit?

Ce: Textverständnis; damit sie sich überhaupt mit diesem Text auseinandersetzen und verstehen, was sie sagen.

C: Also der Inhalt, nur der Inhalt?

Ce: Ja, der Inhalt.

C: Dass also einmal das Thema klar ist, sozusagen.

Ce: Genau, genau.

C: Mhm, das machen sie zu zweit?

Ce: Ja.

C: ... und mündlich?

Ce: Ja, mündlich, nichts aufschreiben.

Clip 4.2: Ausdifferenzierung der Planung zur Anwendungsphase

C: (schaut länger, etwas zweifelnd, ohne etwas zu sagen). Wann hättest du denn die Übungen eingeplant?

Ce: Findest du denn ...

C: Oder wann sind die Übungen eingeplant? Das hab ich nicht ganz verstanden.

Ce: Also hier (zeigt es in ihren Unterlagen) gibt es eine Zwischenübung mit diesen drei Sätzen; ähm, eine Selbstkontrolle im Plenum. Da teste ich eigentlich die ganze Klasse im Plenum. Dann gehen wir noch einen Schritt weiter mit dieser Vermutungsfunktion.

C: Mhm.

Ce: Dann kommt dieses Bild (zeigt es in ihren Unterlagen) im Plenum und dann das Wechselspiel.

C: Mhm. Vielleicht bestünde auch die Möglichkeit, ... nach diesen drei Sätzen, die du mir jetzt gerade gezeigt hast, noch mehr, direkt noch mehr zu üben oder Möglichkeit zum Üben zu geben. Damit das wirklich auch schon vertieft wird, die zeitliche Funktion.

Ce: Also direkt nach der Kontrolle im Plenum dieses Wechselspiel ... zu zweit ansetzen, oder?

C: Oder eine Übung individuell, ginge auch, *bevor* du nochmal (leiser) eine andere Funktion behandelst.
Ce: Das find ich besser.
C: Es könnte viel sein so, das kommt auf die Klasse drauf an.
Ce: Gut. Also, dann mach ich hier eine Zäsur; zuerst Kontrolle im Plenum, dann – würd ich jetzt sagen – mündliche Kontrolle zu zweit, mit diesem Spiel...
C: Mhm, mhm.
Ce: Und dann die nächste Verwendung, ... in einer zweiten Phase.
C: Ja.
Ce: Ja.
C: Und dann hättest du jetzt einfach eine mündliche Übung im Plenum gemacht dazu – oder, nach der Erarbeitung der Regeln, und dann eine mündliche Übung zu zweit ...
Ce: Ja.
C: Und was würdest du im Anschluss machen?
Ce: Im Anschluss hab ich dann die schriftliche, die schriftlichen *zwei* Übungen mit Lösungen, ...
C: Mhmm.
Ce: ..., die ich in der Stunde oder als Hausaufgabe geben kann.
C: Mhm.
Ce: Es kommt auch drauf an, nicht alle sind gleich schnell. Die Schnellen sind eher durch, die können auch dann die Zusatzaufgabe noch machen ...
C: Mhm.
Ce: ... und die Langsamen noch diese Übung.
C: Jetzt kommt mir ...
Ce: Und für die ganz Schwachen hab ich noch eine Futur I-Übung.
C: Ja, zur Rekapitulation mh ...
Ce: Ja genau.

C: Jetzt kommt mir gerade noch in den Sinn, dass du am Anfang ja mit dem Gedicht beginnen wolltest.
Ce: Ja.
C: Und du hattest mich gefragt, ob du da noch mehr dazu machen könntest als nur die Regeln zu erarbeiten ...
Ce: Ja.
C: Und wir hatten, glaube ich, als Idee gesammelt gehabt, dass man da etwas Schriftliches dazu machen könnte.
Ce; Mhm.
C: ... eben zum Beispiel in Form einer schriftlichen Erstellung einer einzelnen Strophe ...
Ce: Mhm.
C: Würdest du das dann noch zusätzlich als Hausaufgabe geben? Oder würdest du das benötigen am Ende der Stunde, zum wie einen Schlusspunkt setzen?
Ce: Also, was ist dein Vorschlag? Oder würdest du es auch in dieser ähm ersten Phase als Abschluss machen?
C: Es gibt mehrere Möglichkeiten, oder, als... mit... etwas, das...
Ce: Ich hätte es jetzt eher als Hausaufgabe gegeben. Weil es kreativ ist, es braucht Zeit, es ist sehr individuell... Und ich möchte auch, dass wir Zeit haben, das einander gegenseitig vorzulesen ...
C: Meinst du, sie machen es dann auch richtig sorgfältig zu Hause?
Ce: Wenn es eine Hausaufgabe ist schon, oder?
C: Hast du also damit kein Problem in der Klasse?
Ce: Hm.
C: Okay.

9.5 Transkript Clip 5

Ausschnitt eines gemeinsamen Planungsgesprächs zwischen *zwei Studentinnen* für das Lehramt Biologie der Sekundarstufe I (Erläuterungen ab S. 81).

Clip 5: *Klärung der Lern- und Bildungsziele*

Ce: Gut, ich glaube wir beginnen gleich mit den Lernzielen, die ich mir vorgenommen habe. Also, am wichtigsten ist mir eigentlich die Bestandteile des menschlichen Auges, dass die Schüler wissen, auch wie das Auge aufgebaut ist.

C: Hmm ...

Ce: Dann zum zweiten Lernziel. Also ich möchte, dass die Schüler auch wissen, ähm welche Bestandteile dafür zuständig sind, für die Adaptation, also für die hell-dunkel-Wahrnehmung. Und als drittes Lernziel habe ich mir vorgenommen, dass wir... in Gruppen je ein Schweineauge seziert wird. Selbstständig ...

C: Gut. Gehen wir doch gerade der Reihe nach. Jetzt, die wichtigsten Bestandteile des menschlichen Auges kennen ... Mir fehlt irgendwie eine Angabe, wie viele sie kennen müssen.

Ce: Hmm.

C: Also die, pff, die 14 wichtigsten Bestandteile oder sind es nur zehn oder sechs? Also da muss eine Angabe gemacht werden, wie viele es denn sind.

Ce: (Macht sich Notizen) Oder genauer welche Bestandteile ...

C: Also wenn du mit ihnen zehn Bestandteile im Unterricht näher anschaust, dann müssen sie auch diese zehn nennen.

Ce: Hmm.

C: Also

Ce: Ja das stimmt.

C: Geht es nur darum diese zu kennen oder müssen sie sie auch zuordnen können?

Ce: Nein schon zuordnen können, oder? Sonst macht es ja eigentlich keinen Sinn.

C: Vielleicht kann man auch so einen ... die wi, die, also sag ich die zehn wichtigsten Bestandteile des menschlichen Auges benennen können. Nicht nur kennen.
Ce: Benennen, genau (*macht sich Notizen*).
C: Nicht nur wissen, dass es eine Iris gibt, sondern wo im Auge.
Ce: Hmm.
C: Die Iris ist ...
Ce: Genau das ist gut. Benennen können ... Hmm.
C: Und sicher eben wie viele, das ist ganz wichtig. Dann: Wissen weshalb und welche Teile des Auges für die Adaption zuständig sind ... . Was erwartest du da? Oder wie würdest du das überprüfen?
Ce: Also dass sicher einmal die Begriffe Stäbchen und Zäpfchen vorkommen.
C: Hmm.
Ce: Ja, das zum Überprüfen ... Das wär, würde eigentlich schon heißen, diese zwei Begriffe, das wäre dann.. welche und weshalb, ja das müsste dann noch in zwei, drei Sätzen, denke ich erklärt werden.
C: Genau, also das ist der Punkt, wissen, einfach nur wissen reicht ja nicht.
Ce: Hmm.
C: Also Wissen zu überprüfen ist ja relativ schwierig. Also wie ...
Ce: Ja das stimmt.
C: Überprüfst du, überprüft du es?
Ce: Also, könnte irgendwie schreiben, dass in zwei, drei Sätzen ... die Adaptation ... erklären.
C: Erklären
Ce: Oder (das?) streichen. Weil dann müssen sie eigentlich die Begriffe Stäbchen und Zäpfchen schon ...
C: Genau.
Ce: Verwenden (macht sich Notizen).
C: Ja ...
Ce: Oder vielleicht noch in eigenen Worten.

10 Literaturverzeichnis

Achour, S. (2016). Kollegiales Coaching in der Schule? Kokonstruktive Unterrichtsplanung im Kollegium, Studium und Referendariat. In S. Achour & P. Massing (Hrsg.), *Politikunterricht, Wochenschau Sonderheft 2016* (S. 10–16).

Ackland, R. (1991). A review of the peer coaching literature. *Journal of Staff development, 12*(1), 22–27.

Altrichter, H. (2010). Schul- und Unterrichtsentwicklung durch Datenrückmeldung. In H. Altrichter & K. Maag Merki (Hrsg.), *Handbuch Neue Steuerung im Schulsystem* (S. 219–254). Wiesbaden: VS Verlag für Sozialwissenschaften.

Arbeitsstelle für Hochschuldidaktik Universität Zürich (2007). *Dossier Unididaktik 2/07. Kollegiale Hospitation.* Zürich: Universität Zürich, Arbeitsstelle für Hochschuldidaktik. Online [10.02.2017]: http://www.hochschuldidaktik.uzh.ch/instrumente/dossiers/DU_Koll_Hosp_2010_08_25.pdf

Baeten, M. & Simons, M. (2014). Student teachers' team teaching: Models, effects, and conditions for implementation. *Teaching and Teacher Education, 41*, 92–110. doi: 10.1016/j.tate.2014.03.010

Bastian, J., Combe, A. & Langer, R. (2003). *Feedback-Methoden. Erprobte Konzepte, evaluierte Erfahrungen.* Weinheim/Basel/Berlin: Beltz.

Beck, E., Baer, M., Guldimann, T., Bischoff, S., Brühwiler, C., Müller, P., Niedermann, R., Rogalla, M. & Vogt, F. (2008). *Adaptive Lehrkompetenz: Analyse und Struktur, Veränderung und Wirkung.* Münster: Waxmann.

Beck, I. L. & McKeown, M. G. (2006). *Improving comprehension with questioning the author: A fresh and enhanced view of a proven approach.* New York: Scholastic Inc.

Belde, D., Blank, M., Hachenburger, P., Klausnitzer, P., Kühne, J., Lamke, G., Sagromski, A. M. & Schmitz, D. (2014). *Latein als 2. Fremdsprache. Band 2: 2. Lernjahr, Schülerbuch.* Berlin: Cornelsen.

Beywl, W., Bestvater, H. & Friedrich, V. (2011). *Selbstevaluation in der Lehre. Ein Wegweiser für sichtbares Lernen und besseres Lehren.* Münster: Waxmann.

Bransford, J. D., Brown, A. L. & Cocking, R. R. (Eds.). (2000). *How People Learn: Brain, Mind, Experience, and School*. Washington, DC: National Academy Press.

Britton, L. R. & Anderson, K. A. (2010). Peer coaching and pre-service teachers: Examining an underutilised concept. *Teaching and Teacher Education, 26*(2), 306–314.

Bromme, R. (1992). *Der Lehrer als Experte. Zur Psychologie des professionellen Lehrerwissens*. Bern: Huber.

Bromme, R. (1997). Kompetenzen, Funktionen und unterrichtliches Handeln des Lehrers. In E. W. Franz (Hrsg.), *Psychologie des Unterrichts und der Schule* (S. 177–212). Göttingen: Hogrefe.

Brunner, E., Kreis, A., Staub, F. C., Schoy-Lutz, M. & Kosorok Labhart, C. (2014). Qualitätssteigerung von Mathematikunterricht angehender Lehrpersonen durch Fachspezifisches Unterrichtscoaching. In J. Roth & J. Ames (Hrsg.), *Beiträge zum Mathematikunterricht 2014* (S. 273–276). Münster: WTM-Verlag.

Buhren, C. (2011). *Kollegiale Hospitation. Verfahren, Methoden und Beispiele aus der Praxis*. Köln: Carl Link.

Calderhead, J. (1996). Teachers: Beliefs and knowledge. In D. C. Berliner & R. C. Calfee (Eds.), *Handbook of educational psychology* (pp. 709–725). New York: Macmillan.

Carter, J. B. (1909). Proserpina. In W. H. Roscher (Ed.), *Ausführliches Lexion der griechischen und römischen Mythologie* (Vol. 3.2, Sp. 3141–3149). Leipzig: B. G. Teubner Verlag.

Clarke, D. & Hollingsworth, H. (2002). Elaborating a model of teacher professional growth. *Teaching and Teacher Education, 18*(8), 947–967.

Cohen, D. K. & Hill, H. C. (2001). *Learning policy: When state education reform works*. New Haven, CT: Yale University Press.

Costa, A. L. & Garmston, R. J. (1994). *Cognitive coaching: A foundation for renaissance schools*. Norwood, MA: Christopher Gordon Publishers.

DESIMONE, L. M. & PAK, K. (2016). Instructional coaching as high-quality professional development. *Theory Into Practice*, DOI:10.1080/00405841.2016. 1241947

DIETL, E. (2009). *Die Olchis sind da*. Hamburg: Friedrich Oettinger.

EDWARDS, A. (2012). The role of common knowledge in achieving collaboration across practices. *Learning, culture, and social interaction*(1), 22–32.

ELMORE, R. F. (1996). Getting to scale with good educational practice. *Harvard Educational Review*, 66(1), 1–26.

FEND, H. (2001). *Qualität im Bildungswesen. Schulforschung zu Systembedingungen, Schulprofilen und Lehrerleistung*. Weinheim: Juventa.

FRIEND, M., COOK, L., HURLEY-CHAMBERLAIN, D. & SHAMBERGER, C. (2010). Co-Teaching: An illustration of the complexity of collaboration in special education. *Journal of Educational and Psychological Consultation, 20*(1), 9–27.

FREIE UNIVERSITÄT BERLIN. (2016). Berliner Mentoring-Qualifizierung an der Freien Universität Berlin. Online [31.01.2017]: http://www.fu-berlin.de/sites/dse/vernetzung/mentoringquali/

FUSSANGEL, K. & GRÄSEL, C. (2011). Forschung zur Kooperation im Lehrberuf. In E. Terhart, H. Bennewitz & M. Rothland (Hrsg.), *Handbuch der Forschung zum Lehrerberuf* (S. 667–682). Münster. Waxmann.

FUTTER, K. (2016). *Lernwirksame Unterrichtsbesprechungen im Praktikum. Nutzung von Lerngelegenheiten durch Lehramtsstudierende und Unterstützungsverhalten der Praxislehrpersonen*. Dissertation, Philosophische Fakultät der Universität Zürich. Online [31.01.2017]: http://opac.nebis.ch/ediss/20162773.pdf

FUTTER, K. & STAUB, F. C. (2008). Unterrichtsvorbesprechungen als Lerngelegenheiten in der berufspraktischen Ausbildung, *Beiträge zur Lehrerbildung, 26*(2), 126–139.

GARET, M. S., PORTER, A. C., DESIMONE, L., BIRMAN, B. F. & YOON, K. S. (2001). What makes professional development effective? Results from a national sample of teachers. *American Educational Research Journal, 38*(4), 915–945.

GRÄSEL, C., FUSSANGEL, K. & PARCHMANN, I. (2006). Lerngemeinschaften in der Lehrerfortbildung, Kooperationserfahrungen und -überzeugungen von Lehrkräften. *Zeitschrift für Erziehungswissenschaft, 9*(4), 545–561.

GREENO, J. G., COLLINS, A. & RESNICK, L. B. (1996). Cognition and learning. In D. C. Berliner & R. C. Calfee (Eds.), *Handbook of educational psychology* (pp. 15–46). New York: Macmillan.

GRÖSCHNER, A., SEIDEL, T., KIEMER, K. & PEHMER, A.-K. (2015). Through the lens of teacher professional development components: the „Dialogic Video Cycle" as an innovative program to foster classroom dialogue. *Professional Development in Education, 41*(4), 729–756. doi: 10.1080/19415257.2014.939692

GU, Q. & DAY, C. (2007). Teacher resilience: A necessary condition for effectiveness. *Teaching and Teacher Education, 23*, 1302–1316.

GUSKEY, T. R. (2002). Professional development and teacher change. *Teachers and Teaching: Theory and Practice, 8*(3), 381–391.

HATTIE, J. (2013). *Lernen sichtbar machen*. Überarbeitete, deutschsprachige Ausgabe von „*Visible Learning*" besorgt von W. Beywl & K. Zierer. Baltmannsweiler: Schneider Verlag Hohengehren.

HELMKE, A. (2012). *Unterrichtsqualität und Lehrerprofessionalität. Diagnose, Evaluation und Verbesserung des Unterrichts*. Seelze: Klett-Kallmeyer.

HELMKE, A. & HELMKE, T. (2014). Unterrichtsanalyse mit EMU (Evidenzbasierte Methoden der Unterrichtsdiagnostik und -entwicklung). *Journal für Schulentwicklung* (1), 55–57.

HELMKE, A., HELMKE, T., LENSKE, G., PHAM, G., PRAETORIUS, A.-K., SCHRADER, F.-W. & ADE-THUROW, M. (o.J.). EMU – Evidenzbasierte Methoden der Unterrichtsdiagnostik und -entwicklung. Online [31.01.2017]: http://unterrichtsdiagnostik.info/

HIEBERT, J. & STIEGLER, J. W. (2000). A proposal for improving classroom teaching: Lessons from the TIMS Video Study. *The Elementary School Journal, 101*(1), 3–20.

HIRT, U. & MATTERN, K. (Hrsg.) (2014). *Coaching im Fachunterricht. Wie Unterrichtsentwicklung gelingt*. Weinheim und Basel: Beltz Verlag.

HUBERMAN, M. (1995). Professional careers and professional development. In T. R. Guskey & M. Huberman (Eds.), *Professinal development in education* (pp. 193–224). New York: Teacher College Press.

JACOBS, J. K., YOSHIDA, M., STIGLER, J. W. & FERNANDEZ, C. (1997). Japanese and American teachers' evaluations of mathematic lessons: A new technique for exploring beliefs. *The Journal of Mathematical Behavior, 16*(1), 7–24.

JOYCE, B. & SHOWERS, B. (1995). *Student achievement through staff development.* White Plains, NY: Longman.

KORTHAGEN, F., KESSELS, J. & KOSTER, B. (2014). *Schulwirklichkeit und Lehrerbildung. Reflexion der Lehrertätigkeit.* Berlin: EB-Verlag Dr. Brandt.

KRAMMER, K., HUGENER, I. & BIAGGI, S. (2012). Unterrichtsvideos als Medium des berufl ichen Lernens in der Lehrerinnen- und Lehrerbildung – Formen und Erfahrungen. *Beiträge zur Lehrerbildung, 30*(2), 261–272.

KREIS, A. (2012). *Produktive Unterrichtsbesprechungen: Lernen im Dialog zwischen Mentoren und angehenden Lehrpersonen.* Bern: Haupt.

KREIS, A. (2014). Kollegiales Unterrichtscoaching. Ein Ansatz zur kooperativen Unterrichtsentwicklung im Kollegium. *Die Grundschulzeitschrift. Themenheft „Mentorieren – Unterrichtsqualität reflektieren", 28*, 12–15.

KREIS, A. (2015). Kollegiale Hospitation – Chancen und Realisierungsmöglichkeiten. In K. Kansteiner & C. Stamann (Hrsg.), *Zwischen Fremdsteuerung und Selbstentwicklung – Erwartungen, Realitäten, Bedarfe und Entwicklungspotential der Personalentwicklung in der Schule* (S. 185–199). Bad Heilbrunn: Klinkhardt.

KREIS, A. & STAUB, F. C. (2009). Kollegiales Unterrichtscoaching als Methode kooperativen Lernens von Lehrpersonen. In K. Maag Merki (Hrsg.), *Kooperation und Netzwerkbildung. Strategien zur Qualitätsentwicklung in Einzelschulen* (S. 26–39). Seelze: Klett-Kallmeyer.

KREIS, A. & STAUB, F. C. (2011). Fachspezifisches Unterrichtscoaching im Praktikum. *Zeitschrift für Erziehungswissenschaft, 14*(1), 61–83.

KREIS, A. & STAUB, F. C. (2012). Lernen zukünftiger Lehrpersonen im Kontext von Unterrichtsbesprechungen im Praktikum – multiple Indikatoren für ein schwer zu fassendes Phänomen. In M. Gläser-Zikuda, T. Seidel, C. Rohlfs,

A. Gröschner & S. Ziegelbauer (Hrsg.), *Mixed Methods in der empirischen Bildungsforschung* (S. 209–226). Münster: Waxmann.

Kreis, A. & Staub, F. C. (2013). Kollegiales Unterrichtscoaching. In A. Bartz, M. Dammann, S. G. Huber, T. Klieme, C. Kloft & M. Schreiner (Hrsg.), *Praxis-Wissen SchulLeitung* (33. Aktualisierungslieferung. Teil 3, 30.32, S. 1–13). Köln: Wolters Kluwer.

Kreis, A., Lügstenmann, G. & Staub, F. C. (2008). *Kollegiales Unterrichtscoaching als Ansatz zur Schulentwicklung: Schlussbericht zur Pilotstudie Peer Coaching*. Kreuzlingen: PHTG, Forschung. Online [31.01.2017]: https://www.phtg.ch/fileadmin/dateiablage/50_Hochschule/Dokumente/Publikationen_Forschung/PHTG_Forschungsbericht_Nr5.pdf

Kreis, A., Musow, S. & Schnebel, S. (under review). What do pre-service teachers talk about in collaborative lesson planning dialogues? Results of an intervention study with content-focused peer coaching. In A. Kreis & S. Schnebel (Hrsg.), *Lehrerbildung auf dem Prüfstand. Sonderheft „Peer Mentoring in der praxissituierten Ausbildung von Lehrpersonen"*. Landau: Verlag Empirische Pädagogik.

Kreis, A., Schnebel, S., Engeli, E., Wagner, S. & Musow, S. (in prep.). *Qualitiy of interaction in peer mentoring lesson planning dialogues*.

Kreis, A., Wick, J. & Kosorok Labhart, C. (2016). Aktivitätenrepertoires von Regellehrpersonen an inklusiven Schulen – eine Typologie. In V. Moser & B. Lütje-Klose (Hrsg.), *Zeitschrift für Pädagogik, Beiheft 62 „Schulische Inklusion"* (S. 140–159). Weinheim: Beltz.

Kricke, M. & Reich, K. (2016). *Teamteaching. Eine Kultur des Lehrens und Lernens*. Weinheim: Beltz.

Krieg, M. & Kreis, A. (2014). Reflexion in Mentoringgesprächen – ein Mythos? *Zeitschrift für Hochschulentwicklung, 9*(1), 103–117.

Kunter, M., Baumert, J., Blum, W., Klusmann, U., Krauss, S. & Neubrand, M. (Hrsg.) (2011). *Professionelle Kompetenz von Lehrkräften – Ergebnisse des Forschungsprogramms COACTIV*. Münster: Waxmann.

Kyndt, E., Gijbels, D., Grosemans, I. & Donche, V. (2016). Teachers' everyday professional development: Mapping informal learning activities, antecedents, and learning outcomes. *Review of Educational Research, 86*(4), 111–1150.

LEWIS, C. C. (2002). *Lesson Study: A handbook of teacher-led instructional change*. Philadelphia, Pennsylvania: Research for Better Schools, Inc.

LIPOWSKY, F. (2009). Unterrichtsentwicklung durch Fort- und Weiterbildungsmassnahmen für Lehrpersonen. *Beiträge zur Lehrerbildung, 27*(3), 246–360.

LIPOWSKY, F. (2014). Theoretische Perspektiven und empirische Befunde zur Wirksamkeit von Lehrerfort- und -weiterbildung. In E. Terhart, H. Bennewitz & M. Rothland (Hrsg.), *Handbuch der Forschung zum Lehrerberuf* (2. überarbeitete Auflage, S. 511–541). Münster: Waxmann.

LU, H.-L. (2014). Collaborative effects of cooperationg teachers, university supervisors, and peer coaches in preservice teachers' field experiences. *Journal of Eucational Research and Development, 10*(1), 1–22.

MAAG MERKI, K. (2009). Kooperation und Netzwerkbildung. Eine Bilanz. In K. Maag Merki (Hrsg.), *Kooperation und Netzwerkbildung. Strategien zur Qualitätsentwicklung in Einzelschulen* (S. 195–198). Seelze: Klett-Kallmeyer.

MATSUMURA, L. C., GARNIER, H. E. & SPYBROOK, J. (2012). The effect of Content-Focused Coaching on the quality of classroom text discussions. *Journal of Teacher Education, 63*(3), 214–228.

MATSUMURA, L. C., GARNIER, H. E. & SPYBROOK, J. (2013). Literacy coaching to improve student reading achievement: A multi-level mediation model. *Learning and Instruction, 25*, 35–48.

MAYR, J., EDER, F., FARTACEK, W., LENSKE, G. & PFLANZL, B. (2004). Linzer Diagnosebogen zur Klassenführung (LDK). Online [31.01.2017]: https://ldk.aau.at/pages/home

NEUWEG, G. H. (2015). *Das Schweigen der Könner. Gesammelte Schriften zum impliziten Wissen*. Münster: Waxmann.

NEUWEG, G. H. (Hrsg.). (2000). *Wissen – Können – Reflexion*. Innsbruck: Studienverlag.

OPHARDT, D. (2015). *Implementations- und Forschungsstrategien im Kontext der Entwicklung einer Mentoringqualifizierung zum fachspezifischen Unterrichtscoaching*. Vortrag auf der Tagung „Fachdidaktisches Mentoring in der

Lehrerinnen- und Lehrerbildung" am 27.11.2015. Kreuzlingen: Pädagogische Hochschule Thurgau.

Pelz, W. (2004). *Kompetent führen: Wirksam kommunizieren, Mitarbeiter motivieren.* Wiesbaden: Gabler Verlag.

Putnam, R. T. & Borko, H. (2000). What do new views of knowledge and thinking have to say about research on Teacher Learning? *Educational Researcher, 29*(1), S. 4-15.

Resnick, L. B. & Hall, M. W. (1998). Learning organizations for sustainable education reform. *Daedalus, 127*(4), 89-118.

Reusser, K. & Pauli, C. (2014). Berufsbezogene Überzeugungen von Lehrerinnen und Lehrern. In E. Terhart, H. Bennewitz & M. Rothland (Hrsg.), *Handbuch der Forschung zum Lehrerberuf* (2. überarb. Ausg., S. 642-661). Münster: Waxmann.

Reusser, K., Pauli, C. & Waldis, M. (Hrsg.) (2010). *Unterrichtsgestaltung und Unterrichtsqualität. Ergebnisse einer internationalen und schweizerischen Videostudie zum Mathematikunterricht.* Münster: Waxmann.

Richardson, V. & Placier, P. (2001). Teacher change. In V. Richardson (Ed.), *Handbook of research on teaching* (4th ed., pp. 905-947). Washington, DC: American Educational Research Association.

Rogalla, M. & Vogt, F. (2008). Förderung adaptiver Lehrkompetenz: eine Interventionsstudie. *Unterrichtswissenschaft, 36*(1), 17-36.

Rosenholtz, S. J. (1991). *Teachers' workplace: the social organisation of schools.* New York: Teachers College Press.

Roth, W.-M. & Tobin, K. G. (2005). *Teaching together, learning together.* New York: Lang.

Santagata, R. (2014). Santagata, R. (2014). Unterrichtsvideos in der Lehrerinnen- und Lehrerbildung: Zentrale Fragestellungen, Instrumente und Einschätzungen für Forschung und Praxis. *Beiträge zur Lehrerinnen- und Lehrerbildung, 32*(2), 196-209.

Santagata, R. & Guarino, J. (2011). Using video to teach future teachers to learn from teaching. *ZDM International Journal on Mathematics Education, 43*(1), 133–145.

Scheerens, J. & Bosker, R. (1997). *The foundations of educational efectiveness*. Oxford: Pergamon Press.

Schnebel, S. & Kreis, A. (2014). Kollegiales Unterrichtscoaching zwischen Lehramtsstudierenden. Einschätzungen zur Planungskompetenz. *Journal für LehrerInnenbildung, 4*(14), 41–46.

Schnebel, S., Kreis, A. & Musow, S. (akzeptiert). Wie schätzen Studierende ihre Planungskompetenz und den Nutzen kooperativer Unterrichtsplanung ein? – Ergebnisse einer Interventionsstudie zu Peer-Coaching in der Lehrpersonenausbildung nach dem Ansatz des Kollegialen Unterrichtscoachings. In A. Kreis & S. Schnebel (Hrsg.), *Lehrerbildung auf dem Prüfstand. Sonderheft „Peer Mentoring in der praxissituierten Ausbildung von Lehrpersonen"*. Landau: Verlag Empirische Pädagogik.

Schön, D. A. (1987). *Educating the Reflective Practitioner*. San Francisco: Jossey-Bass.

Schreyögg, G. & Geiger, D. (2015). *Organisation. Grundlagen moderner Organisationsgestaltung*. Berlin: Springer.

Seidel, T. (2014). Angebots Nutzungs-Modelle in der Unterrichtspsychologie. Integration von Struktur- und Prozessparadigma. *Zeitschrift für Pädagogik, 6*, 1–17. doi: 22201406850

Sennett, R. (2012). *Together. The rituals, pleasures and politics of cooperation*. New Haven: Yale Universtiy Press.

Showers, B. & Joyce, B. (1996). The Evolution of Peer Coaching. *Educational Leadership, 53*(6), 12–17.

Shulman, L. S. (1986). Those who understand: knowledge growth in teaching. *Educational Researcher, 15*(2), 4–14.

Shulman, L. S. (1987). Knowledge and teaching: foundations of the new reform. *Harvard Educational Review, 57*(1), 1–21.

Smit, R., Rietz, F., & Kreis, A. (2017). What are the effects of science lesson planning in peers? – Analysis of attitudes and knowledge based on an Actor-Partner Interdependence Model. *Research in Science Education.* doi: 10.1007/s11165-016-9581-3

Staub, F. C. (2001). Fachspezifisch-pädagogisches Coaching: Förderung von Unterrichtsexpertise durch Unterrichtsentwicklung. *Beiträge zur Lehrerbildung, 19*(2), 175–198.

Staub, F. C. (2004). Fachspezifisch-Pädagogisches Coaching: Ein Beispiel zur Entwicklung von Lehrerfortbildung und Unterrichtskompetenz als Kooperation von Wissenschaft und Praxis. *Zeitschrift für Erziehungswissenschaft, Beiheft 3*(7), 113–141.

Staub, F. C. (2006). Wenn der Coach kommt – Diagnose und Unterrichtskompetenz fördern durch neue Unterrichtsformen. In G. Becker, M. Horstkemper, E. Risse, L. Stäudel, R. Werning & F. Winter (Hrsg.), *Friedrich Jahresheft XXIV. Diagnostizieren und Fördern* (S. 138–140).

Staub, F. C. (2015). Fachspezifisches Unterrichtscoaching. In H.-G. Rolff (Hrsg.), *Handbuch Unterrichtsentwicklung* (S. 476–489). Weinheim und Basel: Beltz Verlag.

Staub, F. C. & Stern, E. (2002). The nature of teachers' pedagogical content beliefs matters for students' achievement gains: Quasi-experimental evidence from elementary mathematics. *Journal of Educational Psychology, 94*(2), 344–355.

Staub, F. C., Bill, V. & Miller, A. (1998, April). Content-Focused Coaching: Scaffolding teaching and reflection on core issues of instructional practice. Paper presented at the Annual Meeting of the American Educational Research Association, San Diego, CA.

Staub, F. C., Waldis, M., Futter, K. & Schatzmann, S. (2012). Förderung von Lerngelegenheiten in Praktika zum Mathematiunterricht durch die Vermittlung von Kernelementen des fachspezifischen Unterrichtscoachings. In T. Hascher & G. H. Neuweg (Hrsg.), *Forschung zur (Wirksamkeit der) LehrerInnenbidung* (S. 181–193). Wien: LIT-Verlag.

Staub, F. C., West, L. & Bickel, D. (2003). What is Content-Focused Coaching? In L. West & F. C. Staub (Eds.), *Content-Focused Coaching^{SM}. Transforming mathematics lessons* (pp. 1–17). Portsmouth, NH: Heinemann.

STAUB, F. C. (2006). Allgemeine Didaktik und Lernpsychologie: Zur Dynamisierung eines schwierigen Verhältnisses. In M. Baer, M. Fuchs, P. Füglister, K. Reusser & H. Wyss (Hrsg.), *Didaktik auf psychologischer Grundlage. Von Hans Aeblis kognitionspsychologischer Didaktik zur modernen Lehr- und Lernforschung* (S. 169–179). Bern: h.e.p Verlag.

STERN, E. (2009). Implizite und explizite Lernprozesse bei Lehrerinnen und Lehrern. In O. Z. Troitschanskaia, K. Beck, D. Sembill, R. Nickolaus & R. Mulder (Hrsg.), *Lehrprofessionalität: Bedingungen, Genese, Wirkungen und ihre Messung* (S. 355–364). Weinheim: Beltz.

STERNBERG, R. J. & HORVATH, J. A. (Eds.). (1999). *Tacit knowledge in professional practice: researcher and practitioner perspectives*. Mahwah, NJ: Lawrence Erlbaum Associates.

THURLINGS, M. & DEN BROK, P. (2014). *Effects of peer teacher professional development: A systematic review of literature*. Frauenchiemsee, 17 June 2014: Biannual meeting of the EARLI SIG 11.

THURLINGS, M., EVERS, A. T. & VERMEULEN, M. (2014). Toward a model of explaining teachers' innovative behavior: A literature review. *Review of Educational Research, 84*(1), 1–42. doi: 10.3102/0034654314557949

THURLINGS, M., VERMEULEN, M., KREIJNS, K., BASTIAENS, T. & STIJNEN, S. (2012). Development of the Teacher Feedback Observation Scheme: evaluating the quality of feedback in peer groups. *Journal of Education for Teaching: International research and pedagogy, 38*(2), 193–208. doi: 10.1080/02607476.2012.656444

VOSS, A., KLEICKMANN, T., KUNTER, M. & HACHFELD, A. (2013). Mathematics teachers' beliefs. In M. Kunter, J. Baumert, W. Blum, U. Klusmann, S. Krauss & M. Neubrand (Eds.), *Cognitive activation in the mathematics classroom and professional competence of teachers. Results from the COACTIV project* (pp. 249–272). New York: Springer.

WAHL, D. (2001). Nachhaltige Wege vom Wissen zum Handeln. *Beiträge zur Lehrerbildung, 19*(2), 33–46.

WEINERT, F. E. (1996). Lerntheorien und Instruktionsmodelle. In F. E. Weinert (Hrsg.), *Psychologie des Lernens und der Instruktion* (S. 1–48). Göttingen: Hogrefe.

WEST, L. & STAUB, F. C. (2003). *Content-Focused Coaching^{SM}: Transforming mathematics lessons*. Portsmouth, NH: Heinemann.

WILSON, S. M. & BERNE, J. (1999): Teacher learning and the acquisition of professional knowledge: An examination of research on contemporary professional development. *Review of Research in Education, 24*(1), 173–209.

ZUMWALD, B. (2013). *Teamteaching in der Basisstufe: kooperative Unterrichtsorganisation in der altersgemischten Klasse*. Dissertation. Bremen: Universität Bremen. Online [31.01.2017]: http://elib.suub.uni-bremen.de/edocs/00103188-1.pdf.

ZWART, R. C., WUBBELS, T., BOLHUIS, S. & BERGEN, T. C. M. (2008). Teacher learning through reciprocal peer coaching: an analysis of activity sequences. *Teaching and Teacher Education, 24*(4), 982–1002.

11 Über die Autorin und den Autor

Dr. Annelies Kreis ist Professorin und Bereichsleiterin Berufspraktische Professionalisierung an der Pädagogischen Hochschule Zürich. Sie forscht und lehrt zu Mentoring und Coaching in der Aus- und Weiterbildung sowie zu Lehrerkooperation, u.a. in Zusammenhang mit Inklusion. Vor ihrer akademischen Tätigkeit war sie während zehn Jahren Lehrerin auf der Sekundarstufe I und in der Berufsbildung. Zusammen mit Fritz Staub entwickelt und erprobt sie den Ansatz des Kollegialen Unterrichtscoachings.

Dr. Fritz C. Staub ist Professor für Gymnasialpädagogik sowie Lehr- und Lernforschung am Institut für Erziehungswissenschaft der Universität Zürich sowie Direktor der Abteilung Lehrerinnen- und Lehrerbildung Maturitätsschulen. Seine Arbeitsschwerpunkte umfassen Lehr-Lern- und Unterrichtsforschung, Pädagogische Psychologie des Unterrichtens, Allgemeine Didaktik, Wissen und Handeln von Lehrpersonen sowie insbesondere Mentoring und Coaching in der Aus- und Weiterbildung von Lehrpersonen. Er hat das Fachspezifisch-Pädagogische Unterrichtscoaching auf der Grundlage des von ihm geprägten Content-Focused Coaching[SM] in die deutschsprachige Lehrerinnen- und Lehrerbildung eingeführt und weiterentwickelt.

12 Abbildungs- und Tabellenverzeichnis

Abbildung 1 Professionelle Entwicklung von Lehrpersonen als reflexiver Prozess zwischen Überzeugung und Handeln nach Clarke und Hollingsworth (2002) 10

Abbildung 2 Lesson Analysis Framework zur Reflexion von Unterrichtssequenzen in vier Phasen nach Santagata und Guarino (2011, S. 134) 22

Abbildung 3 Ablauf eines vollständigen Coachingzyklus 43

Abbildung 4 Qualitätszyklus zur Unterrichtsentwicklung 52

Abbildung 5 Präsenzveranstaltungen und gegenseitige Unterrichtsbesuche als Elemente der schulinternen Fortbildung zu Kollegialem Unterrichtscoaching 68

Tabelle 1 Fünf Formen von Teamteaching nach Baeten und Simons (2014, S. 93 ff) 25

Tabelle 2 Die Videobeispiele im Überblick 76

13 Stichwortverzeichnis

A
Angebots-Nutzungsmodell 7
Ausbildung von Lehrpersonen 1

C
Coach 4, 34
Coachee 4, 34
Coachingsetting 34
Coachingzyklus 5, 34

D
Datengestützte Schulführung 52
Datenschutz 23
Dialog 34

E
Einladende Gesprächshandlung 35
Entwicklungsplanung 51
Entwicklungsziel 40
Erprobung neuer Handlungsmöglichkeiten 33
Evaluation 12
Expertencoach 34

F
Fach 4
Fachdidaktische Expertise 34
Fachdidaktisches Wissen 8
Fachgruppe 17
Fachspezifisch-pädagogisches Wissen 8
Fachwissen 8
Feedback 3, 19–20
Feedbackschlaufe 11

G
Gecoachter Unterricht 26
Gemeinsame Verantwortungsübernahme 37
Gesprächsführung 38, 41
Gesprächshandlung mit Hilfestellung zur Unterrichtsgestaltung 36
Geteilte Auffassung 46

H
Handlungsrepertoire 19
Heterogenität 24
Hospitation 3, 19

I
Implizites Wissen 9
Inklusive Klasse 25
Interventionsstudie 33

K
Kernperspektiven 5, 38
Kokonstruktiv 34
Kommunikation 9
Kommunikationskultur 19
Kompetenz 1
Kompetenzorientierung 8
Kooperation 17

L
Lehr-Lernprozess 9, 33
Leitfrage 5, 38
Lerngelegenheit 35
Lernprozess 7
Lerntheorie 9

M
Mentorat 17
Motivation 14
Multiplikator 33

N
Nachbesprechung 34
Neueinsteiger 62

P
Pädagogische Führung 51
Peer Coaching 17
Personalentwicklung 1, 62
Personelle Fluktuation 62
Praktikum 35

Q
Qualitätsbeauftragte 51
Qualitätsgruppe 51
Qualitätszyklus 51, 53

R
Reflexion 10
Reflexionszyklus 21
Rolle 34

S
Schulentwicklung 17
Schulleitung 51
Selbstevaluation 13
Status 17
Stufenteam 17

T
Tandem 1, 17
Teamteaching 24

U
Überzeugung 9–10
Unterricht 34
Unterrichtsbesuch 20
Unterrichtseinheit 34
Unterrichtsentwicklung 1, 17, 51
Unterrichtsexpertise 8
Unterrichtshandeln 10, 20
Unterrichtssequenz 34

V
Vertrauensverhältnis 19
Vorbesprechung 34

W
Wissen von Lehrpersonen 8

Z
Zeitaufwand 60
Zeitfenster für Unterrichtsbesuche 42